带一袭书香进校园

金沙　著

湖南教育出版社

写在前面的话

刘铁芳

本书系名之为“树人书屋”，意在秉承“十年树木，百年树人”的古训，在日渐浮躁的教育世界中，重温一种尊重人的生命发展规律的教育理想。

“树人书屋”将以随笔为基本形式，以对各种教育生活的幽微叙述为基本内容，以切近教师日常教育生活的方式，促成教育常识的回归。

教育启蒙有赖于理论与实践、学校与社会、教育者与被教育者之间持续不断地对话。

“树人书屋”就是要创建这样一个积极对话的平台，让所有真诚关注教育问题的专家、学者、校长、教师，以及其他关心教育的人士，都能汇聚于此，交流、碰撞，激发关于教育理想的点点心火。

目　录

第二辑　学校生活：带一袭书香进校园

第三辑　学校精神：走向人本与自由

文字的温暖/许卫兵

文字是有温度的，只要是从心底发出的声音。

生前自诩为一介书生的金沙先生留给我们最多的，恐怕就是文字。他的生前好友、国家督学成尚荣先生在为金沙先生的著作《有心与无意》作序时这样写道："从他的文章中，我常常感受到一种文化的力量，感受到思想的深刻。"足见金沙先生的文字功力。然而，在与金沙先生共事近20年的平凡日子中，我们从他那里更感受到一份来自文字的温暖。

首先，金沙先生是个擅长用文字来温暖自己的人。孩童时的清贫，少年时的孤傲，初为人师时的锐气，担当校长时的豪迈，教育生活的甘苦，愤世嫉俗的慨叹……60年的坎坷岁月，40年的职业人生，他都用文字一一记录，并以"艰苦的经历是人的一笔难得的宝贵财富""时时珍惜这笔难得的财富，人才不会轻浮、不会癫狂"来勉励自己。

2004年，金沙先生从校长岗位退居二线。在很多人看来，这是到了停笔辍耕、修身养性、颐养天年的时候了。但他一直没有停止将自己对教育的理解、对人生的感悟诉诸笔端。除了将自己在任海安县实验小学校长13年间的思考和追求著成《有心与无意》外，还满怀激情倾注大量心血在2008、2009的两年中撰写了一本以校园文化制度建设为主题的学术著作文稿。虽然我一直没能有机会读到这本书稿，但在闲聊时，金先生告知我他已经将书稿寄给好朋友刘铁芳教授，期待得到铁芳教授的斧正。令人伤痛的是，这份美好的期待随着金沙先生的突然离去戛然而止。著作的出版成了先生未了的夙愿。

金沙先生也常常用文字来温暖他人。熟识金沙先生的同事和朋友都知道金先生的书法功底很好，我们校长室悬挂的就是他的大幅“有教无类”论语箴言。记得1990年金沙先生担任海安县实验小学校长后，学校就很少使用电脑制作的欢迎标语，每逢有领导、来宾访学、视察，他都是亲自提笔，跨开大步，在大红底的木制欢迎牌上写下潇洒豪放的欢迎词。他说，这样既能省工钱、材料费，又能因人因事而变，更主要的是体现作为主人的诚意。几年后，我任学校办公室主任。他把写字的颜料和毛笔都转交给我，虽然我的字和他相差十万八千里，但每次书写都不敢懈怠，竭力效仿。而金先生定期都会挑选一些毛笔买好送我，小到笔尖大小的细豪，大到一掌都抓不过来的斗笔，可谓用心至诚。

在我办公室的斜对面有一间房是金沙先生生前的书法室，因为退休后他主动要求从行政楼将自己的休息室移至校园一隅，书法室仍然留在原处。每当办公室前的走廊中飘来阵阵墨香，我就知道先生又在泼墨挥毫了。向他求墨宝的人很多，但他从不谈钱论价，也不写庸俗的无稽之语。不过，凡遇同事好友有什么婚嫁喜庆，他都即兴赋诗一首，用最好的洒金宣纸写好并请人装裱后送上门。这种贴工又贴本的事，他引以为荣。在他退居二线后，每逢新年到来，邮政局名目繁多的贺卡、学校定制的校园贺卡他都觉得不足以表达他对同事、朋友的一番真诚祝福，年年都精心制作一份以自己的书法作品为主题的贺年卡，一间办公室、一间办公室双手敬赠给每位教工，同时也寄送给外地朋友。老师们对这样的贺卡视若珍宝，几年的贺卡一溜儿压在办公桌的台板下，赏心悦目。有一阵子，教师办公室要集中美化，大家都想请他写点寄语，他很是爽快地答应了。于是，教学楼上大部分教师办公室都悬挂着金先生的“墨宝”，翰墨馨香绵延至今。

金沙先生以文会友结识了很多全国知名专家学者。2001 年，他到常州武进星辰实验学校参加中央教科所教育实验研究中心年会，特地带了自己的一副字馈赠给高峡会长，高峡会长回到北京后将其挂于新居中，视为珍宝。2008 年 11 月上旬，他去深圳参加年会，东道主陈显平校长知其书法好，便让他现场挥毫题词，甚是洒脱。2008 年 11 月 21 日，我和金沙先生一起去山东讲学，这也是他生前的最后一次出门讲学。路上，他告诉我，这次他带了自己擅长的长锋狼毫，他说，如果条件允许，他想以自己的现场书法来结束报告。我知道，舞文弄墨不是他在故作矫情，笔墨传情是他的真实内心。

历史睡了，而时间醒着。在金沙先生离开人世半年后，2009 年 7 月 24 日 17：24 分，我收到刘铁芳教授发来的手机短信：“卫兵，我正在全力谋求金老师书稿的整理出版!”我不知道这期间铁芳教授为金沙先生遗作的出版付出了多少艰辛的努力，我也不知道这本著作的出版会带给金沙先生生前的同事、朋友多少惊讶和感慨，但我肯定，它的出版会再次给很多人带来温暖。至少在我把这个消息告诉金沙先生的老伴时，这位一年多来都没能从先生仙去阴影中走出来的老人，一下子精神起来，眼中充满感激，泪水夺眶而出，却哽咽着说不出一句话来……

虽然迄今为止我还没能看到金沙先生的这本遗作文稿，但我相信，当那些延续着他的生命和思想的文字映入我们眼帘的时候，定会爆发出巨大的能量，温暖我们的人生。

2010年3月16日　写于海陵，以表缅怀

第一辑　教师发展：多一分宗教情怀

我对教师职业的基本认识

教师是什么人？《现代汉语词典》解释为“教员”，又把“教员”解释为“担任教学工作的人员”，就像解释“农民”为“从事农业劳动的人员”一样，非常一般，并没有认定其专业性。《教师法》规定“教师是履行教育教学职责的专业人员，承担教书育人，培养社会主义事业建设者和接班人、提高民族素质的使命”，不但赋予其专业性，而且赋予其极其重要的历史使命。我认为，教师大概处于这两者之间，就其作为一种社会分工而言，它是专业；就教育没有明确的边界而言，它又没有严格的专业性。说到底，教师作为一种社会职业，区别于其他社会职业的地方仅在于，教师是赋予学生和自身以文化生命的社会职业。当然这只是我个人的理解，决不想以此取代各类辞典的经典定义，更不会强迫别人一定接受。

一、教师的职业属性在文化之中——当一个腹有诗书的教师

人类的种属特征可以分为三个层面。第一个层面是生理特征，吃喝拉撒，这表明人是一个生命体；第二个层面是社会特征，相互结成

各种各样的关系，既有合作性关系又有对抗性关系；第三个层面是文化特征，人有审美活动、艺术活动、精神活动、符号活动等，从而创造了辉煌的人类文明。前两个层面都不是人类所独有的，只有第三个层面是人类所独有的，因而是人之为人最根本的标志。

人是文化的产物。

人在其中生活的世界，就是其文化。他作为一种文化的创造物，是社会的；他作为文化的创造者，却是个体的。

——兰德曼著，阎嘉译：《哲学人类学》，贵州人民出版社 2006 年版，第 191、209 页

按照兰德曼的说法，人具有双重身份，他既是文化的创造物，又是文化的创造者。学生是这样，教师也是这样。教师和学生一起，在社会化的过程中接受文化的影响与塑造，获得并保持自己的类特征，又在个性化的过程中展开自己的文化生命，彰显自己的才能与智慧。

人作为“文化的创造物”，我觉得有两层含义。就人的类本质而言，在千万年人类进化史中，文化已经一点一滴地进入了人的遗传基因，比如人的语言能力、思维能力等，成为人与生俱来的先天禀赋，这可以说人是文化的创造物。这是第一层含义。第二层含义是，文化基因虽然随着人类自身的进化已经像种子一样播撒在人的生命密码中，但要萌发生长，最终成为一个文化活体，却必须经过后天的栽培与养护，这便是教育。所以斯普朗格说：“教育也是一种文化活动，这种文化活动指向不断发展着的主体的个性生命生成，它的最终目的，是把既有的客观精神（文化）的真正富有价值的内涵分娩于主体

之中。”①

说得多好！“分娩”，不是“移居”。说明教师不是将已经固化成型的东西搬迁到学生身上，就像领养一个成年人，而是像一个母亲，将作为客观精神的“文化”先在自己体内“十月怀胎”——加工整合，使“其中真正富有价值的内涵”形成雏形、幼体，然后“分娩”到学生身上，让它在学生自己的身心结构中落地生根，并在母亲的照管下最终成长为属于自己的生命之树。所以我们完全有理由说：教师的职业属性在文化之中。

文化不是一个空泛的概念，它如水银泻地般充盈在我们的现实生活之中。“文化其实体现在一个人如何对待自己，如何对待他人，如何对待自己所处的自然环境。在一个文化厚实的社会里，人懂得尊重自己——他不苟且，因为不苟且所以有品位；他不霸道，因为不霸道所以有道德；人懂得尊重自然——他不掠夺，因为不掠夺所以有永续的生命。”②

因此，教育事业的崇高和神圣就在这里：拯救文化，传承文化。教师首先应当具备一个文化人的身份和品格，教师自己必须有一个强劲的文化生命，才能赋予学生以文化生命。这就必然会提出一个重要的问题：教师自身的文化建设。所以我在《论多元文化背景下教师文化的自主建设》一文（原载《教育参考》2004 年 10、11 期，编入拙著《有心与无意》，江苏人民出版社 2005 年版）中认为教师兼有四种身份：文化的整合者、文化的守护者、文化的传播者、文化的生产者。而从当今现实情况出发，一项十分紧迫的基础性任务就是重建教

① 石中英著：《教育哲学导论》，北京师范大学出版社 2002 年版，第 110 页。
② 龙应台：《“什么叫做文化”?》，《南方周末》2005 年 5 月 24 日。

师的知识体系，让教师通过深度阅读来提升教师的文化层次。

二三十年前，著名红学家吴组缃讲《红楼梦》，每到兴致高的时候，就背诵一大段，口若悬河，有声有色，学生们在底下对着书看，一字不差，简直佩服得五体投地。可吴组缃说，他记性不如茅盾，茅盾连《三国演义》《聊斋志异》都能背；茅盾说不行，他比不上鲁迅，鲁迅读的很多书都能背诵；鲁迅说自己不如康有为，康有为学问大，屋子里四面墙都是书，他都记得，有过目不忘之才。

——参见王成启：《文坛俊杰亦师友》，《书屋》2008 年第 5 期

我们现在很多人会振振有词地说：都什么时代？还要当两脚书橱？查一下“百度”，什么都知道。购书、藏书、读书，过去是学者们的乐事、趣事，现在只能是“风景旧曾谙”了。

因此，我认为，既然教育事业选择了你（不一定是你选择了教师职业），就无可争议地要将阅读，而且主要是文本阅读，作为自己的终身任务。“腹有诗书气自华”，可以断言，鄙夷经典、疏于阅读、懒于积累、依赖网络，是绝难成为一个好教师的。

1. 阅读无禁区，但品位有高低。教师要将高品位阅读作为自己的职业习惯。

教育内的：首先是读通教科书。坦率地说，现在有很多人对教科书钻研得很不够，比如知识的体系、结构以及递进的逻辑层次，教材的相关背景及其局限等，许多人都是一知半解，居然也斗胆进课堂，结果不是信口开河，就是人云亦云。其次是阅读一些教育专著，当然包括教育学、心理学、教学法，“工欲善其事，必先利其器”。但千万

别忘了教育哲学。同时，还不妨看看有关大学的书，如《大学精神》（杨东平）、《大学何为》（陈平原）、《大学之理念》（金耀基）、《逝去的大学》（谢泳）等，据说荣毅仁有言，大意是：择高而立，就低处做，往平处行。在教育的基本精神上，大学与小学是一致的，有时“眼高手低”比“眼低手低”要好。

教育外的：（当然严格说来也是教育内的，因为教育无边界）不妨看看一些精当的小说、戏剧、散文、随笔，以及一些有品位的杂志（如《读书》《书屋》）。另外，适当读一些人类学、社会学、经济学、伦理学、美学、逻辑学的书也是必要的，甚至包括医学的。其中必不可少的还是哲学，因为“大多数一般性的教育问题都是哲学本身的问题”（乔治·奈勒）。不妨先从通俗读本开始，比如《哲学修养十五讲》《西方哲学十五讲》《现代西方哲学十五讲》等，有条件的可以读一些著名哲学家的专著（如赫舍尔的《人是谁》，杜威的《民主主义与教育》《确定性的寻求》，赵汀阳的《论可能生活》等）。这对一般教师来说，开始可能一时难以做到。至于中国的传统经典，如《大学》《中庸》《论语》《孟子》等，那更是应当作为必读著作。不过不是舍本求末，轻巧地消费于丹的“心得”快餐，而是要读原典，消化原汁原味的精神营养。

2. 读书无窍门，但理解有深浅。教师要将深度阅读作为自己的自觉追求。

苏轼有句话：“旧书不厌百回读，熟读深思子自知。”有些经典，比如老子的《道德经》只有区区几千字，但后人读了几千年还没有读透，可谓博大精深，那就必须慢慢读、反复读，请记住古人的话：“一字之安，坚如磐石。”再伟大的人物，都不是“万事通”，“句句是真理，一句顶一万句”早就被证明是谎言。所以阅读必须带着自己的经验和认识。以迷信的态度读书，最多只读到知识；以审视的眼光读书，才会读出智慧。书是书、我是我，互不搭界，书就越读越死；书中有我、我中有书，相互勾连，书就越读越活。所以陈平原说："所有的阅读，都必须有自家的生活体验做底色……""挂在口头的轻松与压在纸背的沉重，二者合而观之，才是真正的读书生活。"[①]

二　教师的职业依据在关系之中——当一个恪尽职守的教师

赫舍尔说："人之为人取决于某种关系，没有这种关系，他不再是人。"[②] 这话很精辟。比如各位，倘若既不是人之子、人之女，也不是人之夫、人之妻，无论情感、语言、行为，与外界、与他人绝对没有任何关联，那他还是"人"吗？连神妖鬼怪都离不开各式各样的关系，更何况人。

人与人的关系是极其复杂的，既有先天给定的血缘关系，也有后天缔结的社会关系。某种社会职业之所以能够产生、存续或消失，总是基于特定的人际关系的结成或解除。比如作家，是基于与读者的关系；医生，是基于与患者的关系；商场营业员，是基于与顾客的关系。这种关系绝不是可有可无，而是至关重要的决定性关系，因为没有了后者，前者就无从存在。

同样，师生关系绝不是可有可无的一般性关系，而是决定教师身份能否存在的决定性关系。你走出师范学校的大门，手持一张毕业证书，这只说明你培训合格；继而你即便又获得一张教师资格证书，那也只说明你具备了担任教师的最起码的资格，但你依然不是真正意义

---

① 陈平原：《大学何为》，第315、312页。

② 赫舍尔著，隗仁莲译：《人是谁》，贵州人民出版社1994年版，第26页。

上的“教师”。为什么？你没有学生。只有你被正式聘任，成为某所学校某个班级的任教者，你的教师身份才真正得到确认，因为你已经拥有了一群对应于你身份的活生生的学生，你与这群学生结成了法定意义上的师生关系。只有这时，“教师”对于你才不是一张“空头支票”。

请记住：教师的职业依据在师生关系之中。

正因为教师的职业依据在师生关系中，所以教师作为一种专门职业就不可能永恒，因为师生关系不可能一成不变。着眼未来，教师职业是有危机的。利奥塔在《后现代状态》中说，在后现代社会，教师这个职业有可能消失，因为我们可以选择一个最佳状态的教授，录制他的演讲，通过远程教育的方式传播。当然这种说法也是可以质疑的，因为教师不是一个孤立的身份符号，不是一个静态的职业名称，教师是动态发展的师生交往中的一个“在者”，教师职业的基本意义不是充当知识的“仓储员”“搬运工”或“二传手”，他的基本意义在于现场演示对话中的双向建构，在于相互间质疑问难中的思想和精神交流，在于随着年岁增长而一并发生的文化生长。认识到这一点同样很重要，因为法定的师生关系是有明确时限的，既可以缔结，也可以解除，关键在于你能否在教学交往中自觉地改善和加强师生关系，成为学生成长途中的精神伴侣，那就会不断巩固自己的职业基础。

教师职业存在的依据是学生，是学生这一特定群体的存在，决定了教师职业的存在，而不是相反。在某种意义上可以说，学生是“皮”，教师只是附着在学生这张“皮”上的“毛”，“皮之不存，毛将焉附”？是学生“成就”了教师，善待学生就是善待自己，因为学生就是教师安身立命之所。只有牢固地树立起这样的认识，才能为建立起和谐的师生关系找到一个原初的起点。

1. 尊重学生是教师最基本的道德

我们常说，没有爱就没有教育，这是不错的，但要知道，爱是有前提的，这就是“平等地尊重所有的人”①。没有平等的尊重，那就根本谈不上爱。为什么？尊重与爱是有区别的。尊重是一种义务，是一种强制性要求，受尊重是人的基本权利，它是法定的，所以是平等的。比如我们不能说对某人要尊重，而对某人可以不尊重。包括罪犯，你可以不爱，但不能不尊重。爱是一种情感，最多是一种伦理性要求，不是一种强制性要求，它不是法定的（尽管我们提倡爱每一个学生）。缺少尊重的“爱”只会变成怜悯和施舍，所以对于现在非常时髦的“感恩教育”要多加小心。

尊重意味着确认每个学生都拥有平等的地位和权利。康德说过：在道德理想王国里，每个人都是目的。“民主最终肯定的是：人是目的。这种意义上的民主对于个体和人类来说均是绝对价值，是终极性的善的理念。”② 教师应当用人本思想为自己的职业奠基，用民主精神为自己的职业导航。尊重不能成为一句口头禅，必须融入自己的思想观念，体现在平时所有的生活细节中，成为教师的一种习惯和素养。

2. 引领学生是教师最基本的职责

什么是“教育”？按照传统说法，“教，上所施下所效也”，“育，养子使作善也”，由此看来，“教育”大概就是上行下效、以身作则的意思；西方呢？据上世纪初复旦大学校长李登辉说，“教育在英文里是 education ，即从拉丁的 ex 和 duco 产生，ex 的意思是‘从出’，

---

① 史蒂文·卢克斯著，阎克文译：《个人主义》，江苏人民出版社 2001 年版，第 115 页。

② 王晓华：《民主是一种绝对价值》，《随笔》2004 年第 2 期。

duco 的意思是‘引导’；合起来便是说，‘引导出来’”。同样有“引导之意”。

江苏省教科院杨九俊副院长在一个场合讲到“情感、态度、价值观”时，首先就要求教师对学生作人格引领，让学生能够“斗志昂扬地投入生活”。“学生就是上帝”“教育就是服务”的所谓“理念”如果离开了对学生的引领，就是哗众取宠的口号，是经不住思想的拷问的；那种“学生想学什么就教什么，学生想怎么学就怎么教”的说法不是对教师职能的无知，就是对教师责任的放弃。杜威曾说：“认为自由的原则使学生具有特权，而教师被划在圈外，必须放弃他所有的领导权。这不过是一种愚蠢的念头。”①

引领不是强加，不是胁迫。是什么呢？原清华大学校长梅贻琦在《大学一解》中有一个形象的说法，叫“濡染观摩”：“古者学子从师受业，谓之从游，孟子曰：‘游于圣人之门者难为言’，间尝思之，游之时义大矣哉。学校犹水也，师生犹鱼也，其行动犹游泳也，大鱼前导，小鱼尾随，是从游也。从游既久，其濡染观摩之效，自不求而至，不为而成。”② 这就是教育的“引领”！现在师生之间有表演与看客的关系，有利用与被利用的关系，有改造与被改造的关系，甚至还有“大鱼吃小鱼”的关系，缺少的独独就是“从游”这种传统教育中的引领关系。

3. 成就学生是教师最根本的价值

教师不仅要从知识形态上去悉心关注学生（这也是必要的），更要从生命状态上去全身心地成就学生。

---

① 杜威著，姜文闵译：《我们怎样思维·经验与教育》，人民教育出版社 2005 年版，第 223 页。

② 转引自陈平原著：《中国大学十讲》，复旦大学出版社 2006 年版，第 35 页。

当年的马寅初，因《新人口论》遭致最高当局发起的围攻，但他毫不妥协。“我平日不教书，与学生没有直接的接触，总想以行动来教育学生。我总希望北大的1.04万学生在他们求学的时候和将来在实际工作中要知难而进，不要一遇困难随便低头。”① 这是真正的成就学生——非为稻粱谋，而为人生计。

请看这一段话：

> 我是一个农民的儿子，从8岁起就做起了教师梦。我如愿以偿地读了师范，毕业后回到家乡，在一所乡村中学教书。我读书、教学、教研、写作，心里做着特级教师梦。有一年，省里举办青年教师语文优课评比，我入选了，但校长不让参加，他说，我们不需要这样的人才。在这样的环境里，我根本没有办法圆我的特级教师梦。我想调到市中学，没有如愿；于是一不做二不休，索性“东南飞”——正如《共产党宣言》里所说的，我失去的无非是镣铐。几年来，我换了一所又一所学校，最终的目的，就是要找一个能圆我的特级教师梦的地方。

——这是为了成就学生还是为了成就自己？扪心自问，我们现在许多教师都在满腔热情地参加所谓教改实验，热衷于观摩评比、论文竞赛等，我们可都是为了成就学生？

三　教师的职业意义在行动之中——当一个脚踏实地的教师

教师形象不只是一种外在规定，它是我们“做”出来的，是我们

① 杨东平：《大学精神》，辽海出版社2000年版，第433页。

积极实践出来的。当我们不断地探询教师职业的内涵，教师职业就成了一个创造性的职业。

——刘铁芳：《走在教育的边缘》，华东师范大学出版社2006年版，第95页

有人曾经举行了一次研讨活动，主题是“薛瑞萍的意义与局限”——很有意思。一位参与研讨的教师事先问我有什么看法，我想了想说：薛瑞萍的意义在当初的薛瑞萍自己，薛瑞萍的局限在于她后来的市场化。

这就好像一种工业产品，往往经过了研发阶段、成型阶段、营销阶段。

研发阶段是一个艰难的、曲折的、个性化的、饱含创造精神和复杂情感的漫长过程，因而也是一个意义不断生成与积淀的过程。

成型阶段是一个按照某种规格要求而定型、包装的格式化过程，因而就是一个意义逐渐淡化和流失的过程。

营销阶段是一个迎合市场的去个性化过程，产品成为市场营销人员实现自身利益最大化的资本，因而也是一个意义蜕变的过程。

一个人最难的是以平常心行事，所谓“泰然处事”（孔子：君子泰而不骄，小人骄而不泰）。

本人平生最敬佩的是斯霞老师，“特级教师”是无为之为。

本人最信服的是早期的特级教师（如李吉林、霍懋征），几十年含辛茹苦，厚积薄发，“特级教师”是后来人对他们的一种褒奖。

本人不敢恭维的是某些“新生代”特级教师。少数人年纪轻轻，工于心计、精于算计，甚至厚颜无耻、不择手段，“特级教师”成了

他们“掠夺性经营”的目标策略，一旦获取，马上又成为其自命不凡的标签和谋求利益最大化的筹码。

“名可名，非常名”。挖空心思出人头地是要付出人格的代价的，一心一意从平凡做起，功夫“做”到家了就是“名教师”——不是徒有虚名，也不是暴得大名，而是在学生心中树立起一块永志不忘的丰碑。请想想，整天不上课，不批改作业，不但任班主任，就像我现在这样坐而论道，或者闭门造车，你能“说”成教师，或者“写”成教师吗？不能！所以要想真正成为一名好教师，除了“做”——踏实细致地做、真心实意地做、坚持不懈地做——别无二途。

1. 踏实细致地做。就是不张扬、不浮躁，能够自觉地在不起眼的细节上下工夫。一个人如果能把别人遗弃、嫌弃的琐事做好，做到极致，他就“超凡脱俗”了。比如当年的马性生（上世纪六十年代如皋师范附属小学教师，人称“苏北的斯霞”），她板书的粉笔，总是凭经验“算计”好时间和数量，提前放在泥地上吸一段时间的潮，再拿起来风晾一段时间，然后带到课堂使用，硬软适度，写起字来，很像毛笔正楷，这种精细，常人很难做到。我既反对把教师送上圣坛，也反对将教师贬入世俗。我主张的是教师的职业自觉。什么是教师的职业自觉？主要是两条：自觉的意义追寻和自觉的责任担当。所以，对许多新教师而言，不要动不动就将“无私奉献”挂在嘴上，真正做到在岗尽职就很不错了。

2. 真心实意地做。就是不跟风、不炒作，自觉地以严肃认真的态度对待自己的工作。当今教育界，旗号很多，比如“新课程”“新教育”“新基础教育”“创新教育”……大多都带一个“新”字。每一面旗帜下都有一两位领军人物，带领一班弟子粉丝，“闹哄哄你方唱罢我登场”，有时也各占地盘，格斗一番。其实在我看来，教育说复杂就很复杂，说简单也很简单。教育的根本宗旨是什么？陶行知先生有一副对联："千教万教教人求真，千学万学学做真人。"一个"真"字，几乎涵盖教育的所有内涵！真心实意按照陶行知的这两句话去做，教育的问题基本都可以解决。问题是，现在形式主义盛行，表面文章太多，靠玩花拳绣腿的"成功人士"往往名利双收，具有极大的诱惑力。所以我想提醒当今中小学教师，千万不要随便套用当今一些似是而非的流行术语，也不要盲目成为当今一些风云人物的"粉丝"。一不自欺，二不蒙人，这应当成为教师的准则之一，因为"教育是极其严肃的伟大事业"（雅思贝尔斯），容不得弄虚作假。

许多"名教师"总要实现自己的人生价值，于是不断地"飞"，城市越飞越大，条件越飞越好，身价越飞越高，名气越飞越大……我们的许多"准名教师"，热衷于今天这项竞赛，明天那项观摩，后天什么级别的培训，整天算计着如何摘取"骨干教师""学科带头人""特级教师"之类的桂冠，而且得了这个望那个，利用这个谋那个，稍有不顺，屁股一拍——走人！我们敢说是真心意搞教育吗？

——金沙：《跪读陆永康》，《教育参考》2006 年 7 月号

顺带说到，现在学校里实验课题很多，这本是好事。但课题有真假之分，恕我直言，现在是假的不少，真的不多。因此，我还想特别强调一点，就是要保持对教育本来意义与本真状态的追寻。即便有时不得不做一点假，但要始终寻找自己的"真问题"，坚持自己的"真

研究”，追求自己的“真成果”[①]。

3. 坚持不懈地做。这有两层含义，一是“坚持”，二是“不懈”。

什么叫“坚持”？就是坚定地守持，要有自己的独立思考，有自己信奉的价值观，在纷纭翻覆的时尚面前不怀疑、不动摇。什么叫不懈？就是兢兢业业，不骄不躁，一辈子不苟且，一辈子不懈怠。这实在是一种至高的境界呀！

就说现在的教育改革吧，现在有人一讲到教育改革就喜欢拿“传统教育”说事，动不动就“改变了传统教育的……”，传统教育无形中成了落后，甚至罪恶的代名词，可你有没有想一想什么是“传统教育”，什么是“现代教育”？根本区别到底在哪里？有谁能说清？杜威倒是归纳了六大分歧，但杜威生活的美国总共才有几百年的历史，他心目中的“传统教育”和我们所说的“传统教育”是不是一回事？严格说来，传统教育源于苏格拉底、孔子的时代，那是由教师主导的教育，而现代教育肇始于欧洲工业革命，这是由体制主宰的教育，这就是两者的根本区别。现代教育有两大支柱，一是现代工业文明，就是仿照大机器、流水线、批量化的工业生产方式，实行班级授课制和统考统测；二是现代中介科学，就是依靠储存、传播、复制等现代科技材料和手段，可以实行大规模、重复式、虚拟化的教学。这样一来，教育就告别了苏格拉底、孔夫子的随机性、个别化的“产婆”式的引导，变成了有计划、有目的、群体化、制造式的塑造。这样说来，就不是传统教育落后，而是现代教育背离了教育的本旨，我们现在的“改革”，千呼万唤的恰恰就是古典心态和传统精神。

毋庸讳言，教育事业并非是太阳底下最光辉的事业，教师也远不

---

① 参见金沙：《有心与无意》，江苏人民出版社 2005 年版，第 207 页。

是社会上最令人羡慕的职业。对此，我既不想自欺，也不想欺人。所以，在未来的岁月里，如果有机会改行，去从事你更感兴趣或者条件待遇更好的职业，那你不必犹豫，因为当教师绝不可能升官发财。不过，在我看来，迄今为止，这样的机会实在太少，每年的公务员招考，教师报名者甚众，最后录用的比例极小。倘若没有这样的机会怎么办？那就请你不要这山望着那山高，不要怨天尤人，尤其不能对自己的工作苟且敷衍。古人云："不遵师道天诛地灭，误人子弟男盗女娼。"我们没有误人子弟的权利，也没有作践自身的必要。人的生命只有一次，不可能每个人都活得轰轰烈烈，只要我们不拒绝平凡，坚持不懈，做了自己想做的事，尽了自己能尽的努力，我们就可以问心无愧地说：我这一辈子活得正直，活得充实，活得有滋有味，值了！

结　语

现在，教育的问题很多，但教育永远都是神圣的、崇高的。只要我们不被生活中种种的不顺心、不如意弄得恹恹然，也不被现实中许多诱惑、陷阱弄得昏昏然，更不被自己头上的某些廉价的称号、头衔弄得飘飘然，腹有诗书、恪尽职守、脚踏实地，我们就会坚实地走在成长之路上。

教育精神与宗教情怀

（演讲提纲）

2007 年 6 月 16 日　江苏省海门市实验学校

导　语

首先声明，我不懂宗教，所以这里不是讲宗教信仰，而是讲“宗教情怀”。况且，这可能是一个很有争议的话题。在中国，辩证唯物主义独领中国思想几十年，宗教一直被视为主观唯心主义而屡遭挞伐，现在重提“宗教情怀”，多少显得有点不合时宜。

但这又是一个不得不说的话题。之所以提出这个话题，是因为当今我们的教育和教师，正一步步陷入技术化、功利化的泥沼之中，患了“精神分裂”症（神圣感与艺术性一并偏枯，缺乏崇高和超越。但今天只涉及神圣感，不涉及艺术性）。这正如广东教育学院许锡良先生所说：“我们的教育是庸俗的教育专家，制造着庸俗的教育理论，指导着庸俗的教育实践。”（引自许锡良 2007 年 6 月 12 日博客）当教育与教师一起沉沦——沦为经济的婢女和政治的侍臣之后，靠什么才能重新点燃教育精神的神圣之光？

之所以提出“宗教情怀”，是因为从教育的起源看，教育与宗教密不可分，甚至可以说，后来的正规教育就是宗教的产儿，因为宗教毕竟是一种高层次的文化现象，它一方面需要人们的盲目信仰，另一方面又需要相应的科学知识为自己作理论阐释。据历史记载，公元11世纪初，教会就在各地大办小学，有些课程和现在并无二致，如文法、修辞、逻辑、算术、天文、音乐等。11世纪末，又开始兴办大学，欧洲很多著名大学，像英国的牛津、剑桥，德国的海德堡，法国的奥尔良等，都是由教会创办的。所以，怀特海①把教育精神归结为三个字：宗教性。他说只有把宗教精神用之于教育，教育才是崇高的教育。

一、虔诚

先说一个人——米开朗琪罗，500年前宗教题材的艺术大师。

据说当罗马教皇要米开朗琪罗给西斯廷教堂（现在梵蒂冈圣彼得大教堂旁边，成为教皇的私人礼堂）拱顶作画时，米开朗琪罗并不乐意，认为这是一件吃力不讨好的差事，所以只打算简单地应付一下，还请了几个助手，不想花过多的精力。这也难怪，西斯廷教堂太小，长40.25米、宽13.41米、高20.73米，与近旁进深230多米的圣彼得大教堂相比，实在很不显眼。但是，当他把自己关在教堂内，面对那一块空白的拱顶时，他仿佛觉得上帝在召唤他，自己有义务把艺术献给上帝的事业。于是，他改变初衷，辞退助手，自己一个人躺在脚手架上作画，花了整整四年的时间，1502年完成了《创世纪》这幅惊世骇俗的杰作。今天，人们站在西斯廷教堂拱顶下，依然能够感受到画家的艺术激情和宗教虔诚。

---

① 英国科学院院士，1948年逝世，罗素的老师。

再说一个人——司徒雷登，50 年前的美国驻华大使。

其实，司徒雷登是一个虔诚的基督教徒。他 1876 年出生在中国杭州，父亲是美国基督教的一名传教士，1913 年老死后葬于杭州。司徒雷登 11 岁被送回美国读书，28 岁那年，带着新婚的妻子来到中国传教，1908 年到金陵神学院担任教师。1918 年美国基督教会决定将北京几所教会大学合并成燕京大学，当年底任命司徒雷登为燕京大学校长，当时，这是一所“分文不名，而且似乎没有人关心的学校”，学生不足百人，教授只有二十多人（其中中国籍的两人）。为此，司徒雷登先是亲自选址，当得知新选的校址（今北京大学）已经被陕西督军陈树藩买下后，亲赴西安游说，以真情感动了陈树藩，同意以象征性的四万银元出让，还另捐二万银元作为学校的奖学金；此后，司徒雷登不止十次去美国募捐，共捐得二百五十多万美元，保证了燕京大学的经费来源。所以，1936 年，司徒雷登 60 岁生日时，北京大学校长蒋梦麟致词说，在司徒雷登的身上，汇集了希腊文化的智慧、希伯来的宗教圣灵和中国文化的温和的人道主义精神。

这就是虔诚——择善而从，终生不渝，不动摇，不苟且，不欺世，不昧心。正如德国著名哲学家卡西尔说：“宗教是我们最高的道德理想的符号表达。”①

可是回头看看我们，对自己从事的职业，有没有一种虔诚的态度？

2001 年第 19 期《江苏教育》独家策划《孔雀东南飞》中，一位青年教师有一段话：

我是一个农民的儿子，从 8 岁起就做起了教师梦。我如愿以偿地

① 恩斯特·卡西尔著，甘阳译：《人论》，上海译文出版社 1985 年版，第 119 页。

读了师范，毕业后回到家乡，在一所乡村中学教书。我读书、教学、教研、写作，心里做着特级教师梦。有一年，省里举办青年教师语文优课评比，我入选了，但校长不让参加，他说，我们不需要这样的人才。在这样的环境里，我根本没有办法圆我的特级教师梦。我想调到市中学，没有如愿；于是一不做二不休，索性“东南飞”——正如《共产党宣言》里所说的，我失去的无非是镣铐。几年来，我换了一所又一所学校，最终的目的，就是要找一个能圆我的特级教师梦的地方。

这可以说是“追求”，而且“不懈”，但只能说是投机，因为这纯粹是出于自己的功利心，他没有对职业的虔诚，缺乏宗教情怀，缺乏一种职业的“定力”，最终只能魂不守舍地“换了一所又一所学校”而不知所止。其实，当今许多“新生代”教师又何尝不是如此，他们一个个想方设法完成了自己的“三级跳”——从一般学校跳到名牌学校，再从地方学校跳到都市学校，或者从教师身份跳成官员身份，从而功成名就、名利双收。看看晏阳初（我们很多人只知道陶行知，不知道晏阳初），他是在美国学成后义无反顾回到贫穷落后的中国，后来又从北平毅然来到河北定县，走了一条和当今“新生代”完全相反的路径。1937 年，因日军侵华，他被迫离开定县，走向南美、非洲、东南亚，成为享誉世界的平民教育家和乡村建设家，直至 1990 年逝世。他早年立志“不做官，不发财”，一辈子关心民间疾苦，一辈子矢志不渝搞他的“平民教育”。当年张学良以出资八百万大洋支持平民教育为条件邀请他担任东北行政院院长，竟被他断然拒绝。1943 年他与爱因斯坦、杜威等人一道，被美国百余所大学和科研机构评为“现代世界最具革命性贡献的十大伟人”。1988 年，在他 98 岁寿辰时，里根总统为他贺寿，说“在我任职期间，最大的报偿之一莫过于得知有像您这样全心全意为他人服务的贤达之士”。何能如此？晏阳初自己常说，是“三C”影响了自己的一生，一是孔子（Confucius），二是基督（Christ），三是苦力（Coolie）。

现在，从我们的行政领导，到学校，到我们自己，有时非但没有虔诚，甚至连“真诚”都做不到。从我们对学生所讲的一些“大道理”，到我们的科研课题，到各种申报材料，我们说了多少假话、造了多少假数据、编了多少假材料、做了多少假动作？让人不安的是，我们明知自己在弄虚作假，却“脸不变色心不跳”，甚至沾沾自喜、招摇过市。

最近从一位教师的博客上看到某位大学教授堂皇地传授教师专业发展的“十大秘诀”，其中教育科研有“五大秘诀”：

一、学会骄傲；

二、学会抄——天下文章一大抄，看你会抄不会抄；

三、学会为我所用；

四、学会小题大做；

五、学会创新。

论文写作与发表也有“五大秘诀”：

一、刺激编辑的眼神经——标题“语不惊人死不休”；

二、读透编辑的“心”——投稿“己所不欲，勿施于人”；

三、减少编辑的麻烦——写作要从编辑的角度出发；

四、投编辑所好——关心……关心编辑的关心；

五、坦陈文章的研究层次——层次要让编辑知道。

这是什么态度？连实事求是都达不到，遑论“虔诚”。

不过令人略感欣慰的是，最近还看到著名学者萧功秦的“三不主义”：

一、不参加国家评奖（当然参评也不一定评得上）；
二、不向一流刊物投稿（当然投也不一定投得中）；
三、不申请任何重大国家课题（当然申请了也未必批得下来）。

——转引自刘铁芳教育人文博客 2007 年 6 月 6 日

当然，现在是“假作真时真亦假”的时代，万般无奈，包括我自己，有时也不得不作假，但要能够“午夜扪心”，为自己违心的所作所为而愧疚，千万不能安之若素，甚或以精于此道为能事。

二、敬畏

世界上有三大宗教。基督教徒的敬畏是人对上帝的敬畏，比如在欧洲，所有的村庄中，教堂都是最显目的建筑，它体现了上帝至上的宗教理念。像瑞士的日内瓦，不管你有多大的权势、多雄厚的资本，建筑高度以 37.5 米为限，因为日内瓦教堂的高度是 37.5 米，这就是对上帝的敬畏；伊斯兰教的敬畏原先是对众神的敬畏，后来变成对真主安拉的敬畏；佛教比较特殊，因为严格说来它是“无神论”的（菩萨不是神），但它也有对佛祖、佛法的敬畏。

我国没有严格意义上的宗教（佛教源自印度，况且我们也不明教义；儒教算不上宗教，因为没有“彼岸”信仰），所以历来不知道有所敬畏，用一句伟人的话说，和尚打伞，无法（发）无天。我小时候听过一首民谣：“天上没有玉皇/海里没有龙王/我就是玉皇/我就是龙王/喝令三山五岭/快开道！我来了！”何等的气魄！然而也就在这样的气魄中，我们已经遭到大自然无情的报复。恩格斯有一段警世名言，他说：

> 我们不要过分陶醉于对自然界的胜利。对于每一次这样的胜利，自然界都报复了我们。每一次胜利，在第一步都确实取得了我们预期的结果，但在第二步和第三步却有了完全不同的、出乎意料的影响，常常把第一个结果又取消了。
>
> ——恩格斯：《自然辩证法》，人民出版社 1971 年版，第 158 页

请注意，恩格斯在这里使用了全称判断：“每一次”“都”。

自然界如此，当今我们的教育改革同样如此。就说教育部，不断出新招，只今年上半年，又是“阳光体育工程”，又是“集体舞进校园”，行得通、能持久吗？再说高考改革，几乎年年翻新，弄得学校、家长和学生疲于应付、无所适从。这是慎重的态度吗？长官意志，形式主义。真如一则顺口溜：“拍脑袋决定，拍胸口推行，拍巴掌总结，拍屁股走人。”既不考虑实际效果，也不考虑反面后果，毫无敬畏之心。

雅斯贝尔斯说：“教育是极其严肃的伟大事业。”怀特海主张要使受教育者有“责任感和崇高感”。教育者必须心存敬畏。

教师心存敬畏意味着对学生作为生命体的敬畏。

教师心存敬畏首先要牢固地确立“以人为本”的思想，因为人、

人的生命是这个世界上最为复杂的，是最应当让我们敬畏的。

“以人为本”现在成了一个口头禅，人们动不动就说“以人为本”，其实大多并不懂得什么是“以人为本”，故而许多人牵强附会，硬说我国先圣孔子、孟子就有“君轻民贵”的思想。其实，这与西方的“以人为本”是两码事。“以人为本”是西方文化的产物，中国本土没有，中国只有对应于“官本”的“民本”。

“以人为本”所说的“人”，一般是指自然人，而不是社会人。1948年通过的《世界人权宣言》第一条就是“人人生而自由，在尊严和权利上一律平等”，这是对自然人而言；同时，“以人为本”所说的“人”，是指独立的个体的人，而不是抽象的概念化的人（所谓“人民大众”）。“以人为本”的“本”实质上就是康德的一句话：“人是目的。”

教师心存敬畏就要每时每刻把学生的尊严和权利、学生个人的自由发展看得高于一切，因而始终有一种“悲悯情怀”。

> 一个孩子来到这个世界上，很多东西都是一次性给定的，他一点办法都没有。……当我们面对一个具体的人时，从他身上其实都可以看到一种来自命运很震慑人的、也令人畏惧的力量，所以我们能做的首先只能顺从自然，敬畏生命。每个人都是如此的不同，很多时候，真让人很容易就生出一种生命的悲情。
>
> ——张文质（转引自唐泽霞老师博客）

以开阔的视野，从历史的高度，关注学生一生的福祉，进而关注全人类的福祉，由此而关注教育的现实与未来。在这样的“关注”

中，充满忧虑，充满恐惧，这就叫“心存敬畏”。

敬畏不等于害怕。比如我们也有人说，不能体罚学生，因为你一旦打了，说不定将来他就是总统、国王、老总什么的，那怎么得了？这不是敬畏，这是害怕——怕担“犯上”的罪名，怕遭报复。就像《范进中举》中的胡屠户，他在范进落魄时打了女婿范进，范进一旦中举了，他害怕了，他突然觉得范进是天上文曲星下凡，不得了了，所以手就隐隐作痛了。

教师心存敬畏还意味着对教育时尚存有高度警惕。

我们常说“爱岗敬业”，首先就要意识到从教育的本原出发，我们能够做什么、不能够做什么。能做的竭尽全力去做，无止境地去努力，不能做的绝不肆意妄为，轻率涉足。做到了这两点，就是心存敬畏，做事负责。现在许多人该做的做不好，不该做的瞎折腾——折腾出许多时尚和时髦。比如现在有个口号：“没有教不好的孩子，只有不会教的教师”，真的么？就比如“科教兴国”吧，教育真的就能独立担当起振兴国家的使命？我不敢苟同。我们不要因为一句“科教兴国”的口号就把自己看成可以包打天下的救世主。

因此，我们对当今许多炙手可热的教育理论家、思想家要存几分警惕。金生鈜教授就尖锐地指出（他有这个资格）：

不少鼓噪者……的鼓噪、渲染、写作包括花言巧语都是赚钱的工具。貌似改革者，冒充高尚者，扮演学问者，好像自己是知晓一切的专家，是掌握了真理或者教育规律的人。不少人到学校去，只是为了牟利，而不是真正地进行研究……更为糟糕的是，多少年轻的未来教育学人正是以这样的人为学术榜样的。

——转引自许锡良2007年6月12日博客

不要被一些文字游戏搞得神魂颠倒，把江湖骗子误看作布道者；不要被一些似是而非的“新鲜”理论搞得头晕目眩，误入歧途还浑然不觉；也不要对几个改革潮头的风云人物的东西奉若神明，心甘情愿当人家的粉丝。要时刻记住，每个学生的生命都是唯一的、不可再生的，所有的教育影响一经形成，就是不可消除、也无法逆转的，有意戕害学生就是作孽，无意伤害学生也是罪过。

教师心存敬畏还意味着坦承自身的卑微、渺小和无知。

中国的文人（不是现代意义上的知识分子）历来就有妄自尊大的毛病，动不动就要“为天地立心，为生民立命，为往圣继绝学，为万世开太平”，结果呢？一事无成。就比如近几年的课程改革，人们习惯于叫做“新课程”，它“新”在哪里？我看来看去，总觉得就是上世纪美国施瓦布课程论的翻版，没有多少新意。而且，这种以“新”取代“旧”的二元对立思维方式本身就有问题，骨子里头还是一种狭隘的自负心态。

我们现在有些教师，不知天高地厚，稍微搞出了一点东西，还没有来得及验证检验，就一叶障目，以为某道教育上的千古难题就被我轻而易举地、一劳永逸地、空前绝后地解决了，哪有的事！当今许多引领教育改革大潮的新派人物，一部《外国教育思想通史》，厚厚十卷，你有没有读过？古今中外那么多教育大家的著作，你读了多少？不怕你们笑，我几乎全都没有好好读。倘若我们连最基本的教育发展史都茫然不知，甚至连我国近代的教育发展史都不甚了了，仅凭一点道听途说、鸡零狗杂也去搞什么“改革创新”，除了赚一点个人“实惠”，恐怕最终只能撇下一地鸡毛。

某位“全国著名特级教师”自己在教材之外搞了一个“走近李白”的教学设计（这是当今名教师的通常做法，“超出”现行教材，寻找“新鲜”），赢得了一片喝彩。这也就罢，自己恐怕总要谨慎一点吧？不，他自己写了一篇文章：《课堂教学的魅力在哪里》，一开始就这样写：

……一经推出，就得到大家的广泛好评。在浙江大学名师观摩课后，听课老师给主持人吴琳老师发了这么一条手机短信：“吴老师，您好！李白是‘诗仙’，那×老师就是‘师仙’了！”《中国教育报》资深记者李建平听完这节课激动地说：“这才是课程改革倡导的真正的语文课呀！”在福建执教时，听课老师们评价：×老师的课，大气磅礴，浑然天成，让人眼前一亮，耳目一新，回味无穷。这堂课得到了大家的高度欣赏，也促使我去思考：它的魅力在哪里？

——见《中国小学语文教学论坛》2007 年第 4 期

这是“思考”么？不是，这是“标榜”，是故意借助别人的廉价夸奖进行自我褒奖。只是我看了课堂实录，总觉得可以商榷的地方有，而且不少。自己站出来，沾沾自喜地转述什么“大气磅礴，浑然天成”“耳目一新，回味无穷”，就有点肉麻。孔子说：“众好之，必察焉；众恶之，必察焉。”杨雄注：“众好恶之而不察，则或蔽于私矣。”（《论语·卫灵公第十五》）扪心自问，是不是“蔽于私”呀？蔽于私就难免自我膨胀。

三、执著

宗教是什么？毒害人民的精神鸦片！这是我们一贯的认识。这大概源于马克思 1843 年说过的一句话："宗教是人民的鸦片。"[①] 但辩证地看，宗教也有其可取之处。

宗教的执著是一种对于上帝的"心悦诚服"。

过去，我们总是把宗教等同于"迷信"，认为科学与迷信也是水火不相容的，所以，我们把宗教视作科学的敌人。宗教真的与科学泾渭分明吗？其实，在中世纪，人们普遍的思维方式是，从上帝的全能中理解大自然的奥秘，反过来又从大自然的奥秘中证明上帝的全能。当时许多科学家都是出于对上帝的信奉而研究自然的，原本都是为了证明上帝的全能。

我们最熟知的美国大发明家爱迪生，最著名的发明就是电灯。爱迪生在实验中一次又一次地失败，他为什么那么执著，毫不气馁？因为他相信上帝一定有答案。在他努力寻找一种满意的材料来做电灯泡的电热丝时，他说："全能上帝那里有一座工厂，里面有各种各样的纤维材料，其中一定有我所需要的灯丝。"

当年美国南方各州的棉花遭受象鼻虫的袭击，美国黑人科学家乔治·华盛顿·卡佛认为，上帝在召唤他来拯救他的同胞，他有责任寻找一种新的植物来代替棉花。他想到了花生，但怎样扩大花生的用途，以此打开销路，让农民接受他的主张？卡佛自称他是从祈祷中得到答案的。他经常在清晨到林中散步，沉思默祷，与上帝交谈，因此得到无数问题的解答。他常常在祈祷中和上帝讨论他的工作，并相信上帝每天让他知道在实验室里下一步的工作该怎么做，他终于发现了花生上百种用途，于是说服农民改种花生，从而帮助他的黑人同胞摆

---

① 《马克思恩格斯选集》第一卷，1972 年版，第 2 页。

脱了困境。[①]

不要忘记，马克思在说“宗教是人民的鸦片”的同一篇文章中，又说“宗教是幻想的太阳”。我觉得这两句话不可或缺。历史上大概也正是这“幻想的太阳”引导着科学事业向前发展。在这个世界上，已知的东西总是远比未知的东西少、少得多！许多重大的发现和发明，往往都是“迷信”的结果，比如哲学——神学，医学——巫术，文学——神话，哪怕就是自然科学，比如天文学——占星术，化学——炼丹术……

吊诡的是，许多伟大的科学家（如爱因斯坦）总是坚信上帝在，可也正是科学宣告了上帝的死亡。

宗教的执著是一种舍弃名利的“隐姓埋名”。

真正的宗教是一种极高的精神境界，是人探寻生命意义的最大努力。对此，当代影响深远的高僧弘一大师出家之后，他的学生丰子恺撰文纪念：

我以为人的生活，可以分为三层：一是物质生活，二是精神生活，三是灵魂生活。物质生活就是衣食。精神生活就是学术艺术。灵魂生活就是宗教。“人生”就是这样的一个三层楼。懒得（或无力）走楼梯的，就住在第一层……抱这样的人生观的人，在世间占大多数。其次，高兴（或有力）走楼梯的，就爬上二层楼去玩玩，或者久居里头。这就是专心学术文艺的人……还有一种人，“人生欲”很强，脚力很大，对二层楼还不满足，爬上三层去。这就是宗教徒了。他们做人很认真，满足了“物质欲”还不够，满足了“精神欲”还不够，

---

① 参见启良：《神论》，花城出版社 2002 年版，第 199 页。

必须探寻人生的究竟。他们以为子孙财产都是身外之物，连自己的身体也都是虚幻的存在。他们不肯做本能的奴隶，必须追求灵魂的来源，宇宙的根本，这才能满足他们的“人生欲”。

——转引自侯样祥主编：《我的人文观》，江苏人民出版社 2001 年版，第 300 页

丰子恺说，宗教徒“做人很认真”，其实他们做事也很认真，而且认真到常人无法做到的地步，这便是他们出于宗教信仰的执著。

德国的科隆大教堂，双塔通高 161 米，从 1248 年到 1880 年，历时 632 年，相当于中国的元、明、清三代，一以贯之，不改变、不走样，整座建筑全用磨光的石块建成。那该经过了多少人的共同努力？但他们全都隐姓埋名，都是源于基督教徒对上帝的虔诚。

有一位藏族刻石经的老人，从 18 岁起刻到 70 岁，在整片玛尼石上刻藏传佛教经文，也刻佛像，已经刻到第五块。每天早上做的第一件事就是用手抚摸他一辈子雕刻的这五块石柱。他说：“即使没有最后完成，当我每天去抚摸这五块石柱，重读经文，重新看佛像的时候，我的手连着我的心，我会和这些石头、这些经文和佛像有一种心灵的沟通。当我有一天起不来了，要死了，我不能够再抚摸它们了，那么我的作品就算完成了。”他图什么？职称？荣誉？版税？稿费？都不是，他只有对佛的虔诚。

现在我们的教师就缺少这种源于宗教情怀的执著精神。

宗教的执著是基于一种通达圆融的认识境界。

长期以来，很多人把宗教等同于“唯心主义”，他们认为，唯物主义绝对正确，唯心主义绝对错误。唯物主义与唯心主义真的是水火

不容、绝对对立吗？近年英国历史学家汤因比与日本哲学家池田大作对人的生命现象有过一段对话：

汤因比：唯物论和唯心论都是片面地对存在做了不能令人满意的解释。物质是不能用精神彻底理解的，精神也不可能用物质来理解。只有把两者作为一个统一体来看待，才能既理解物质又理解精神……

池田大作：我也是这样想。为了说明精神与肉体的这种状态，佛法中描述了“色心不二”这个生命观，这里所说的“色”，是指用物理、化学为主的科学方法掌握的，属于生命的物质一面的肉体。所谓“心”，是指用物理、化学方法无法掌握的生命的种种作用。这其中当然包括唯心论者一直在思索和考察的理性、悟性这种精神活动和欲望等……若从这种生命观来分析，可以说唯物论是以科学的方法来探究“色法”的世界，唯心论是在探究“心法”的世界。

——参见侯样祥主编：《我的人文观》，江苏人民出版社 2001 年版，第 302 页

我以为，虔诚、敬畏、执著，这大概能代表宗教情怀的基本内涵。

不过有两点我要郑重声明：

第一、我说要有“宗教情怀”，是说要有一种近似于宗教的诚恳向善的情怀，不是说一定要有宗教信仰，更不是主张要信奉宗教或者皈依佛门（现在娱乐界好像很盛行，大概十有八九也是炒作）。其实，教徒并不一定就有宗教情怀，具备宗教情怀的人也并不一定非要是宗教徒。

第二、我所说的“宗教情怀”，不是说要恪守宗教教义，比如基督教的《圣经》、伊斯兰教的《可兰经》、佛教的《大乘经》《小乘经》，只是借此说明，作为教师，因为承担着教化的社会责任，所以尽管身在俗世，但要有一种超越的境界，一种通透人生的大智慧。

皇帝的女儿也愁嫁

——有感于特级教师“全部落马”

《扬子晚报》2003年9月3日报眼位置登出《24位特级教师落聘引发争议　职称与实绩到底孰轻孰重》，摘录如下：

“特级教师”是中小学教师的最高职称，也是学校竞相网罗的香饽饽，然而昨天从南师附中江宁分校传出消息，前来该校应聘的24位特级教师竟然全部落马。据了解，江宁分校此次招聘时，吸引了全国各地4000多人报名，其中通过初试的特级教师有24名，大多来自苏北、江西、安徽等地，但经过随后的面试、试讲、学生评价和专家评审，最后没有一个人通过。该校的董林伟校长告诉记者，不聘用特级教师绝对不是学校在故意“作秀”，最主要的原因是，他们的教育理念不适合南师附中，南师附中是一所教育观念上很“前卫”的学校，也是新课程改革的全国试点学校，推行的是以学生为主体、开放式的理念，因此选拔时也把这作为最重要的一条原则。这24位特级教师虽然在当地都比较优秀，有的还发表了不少论文，但教育观念相对落后，课堂实际表现不尽如人意，所以权衡再三还是没有录用。

……此举也引发了部分专家的思考，在人才的选拔中，在用人机制的改革中，职称与实绩到底孰轻孰重？

（张　琳）

首先需要指出作者一个明显的误解，特级教师不是职称，而是一种荣誉称号，但这无关紧要。24 位特级教师居然“全部落马”，本人也忝列“特级教师”，面对这一境况，不禁深为震颤！这何止专家需要思考？整个教育界都应当反思。

一、怎么评选特级教师？——反思特级教师评选制度

评选特级教师是国家制定的一项中小学教师奖励制度，江苏已经先后评过八批。这项制度对于中小学教师队伍的建设无疑起到了巨大的作用。作为一项由政府颁发的省级最高荣誉称号，它充分肯定了中小学教师的专业性质和劳动价值，激励教师终生从事教育事业，为广大教师树立了一批堪称典范的代表人物，其意义怎么评价也不为过分。然而，任何事物总是利弊共存。什么是制度？无非是大家公认的、公开的行为规范或准则。特级教师每两年评选一次，近几年每次 200 人左右，指标分解下达到市县，然后层层推荐上报，按说完全符合公开、公平、公正的原则。然而，教师是一种非常个性化的专业，教育教学是一种极具创造性的工作，人和人之间几乎是不可比的。一次对 200 人进行评选，既无法深入到每个人的学校全面考察，也无法充分顾及每个人的个性化特征，只能以材料为主，对照统一的标准，最多结合一些平时粗浅的印象，还要适当照顾地区、学科平衡，这就不可避免地会存在片面和失当。这几年有人说评出了一些不会上课的

特级教师，虽说也许是个别，但确有其人。看来有些东西，不制度化肯定不行，迷信制度化也不一定全行。这种先按地区分配名额，再用统一的、固定的、可考量的显性标准关门评选的办法有待改进。

对于特级教师的评选条件，牵涉到对人才范型的定位，看来也要与时俱进，加以研究和改进。本人曾说过一段话：

> 特级教师是教师中的杰出代表，也是许多优秀教师心仪神往的目标。目前对特级教师的评选，总是定位在某一学科，标明是“语文”“数学”“自然”等特级教师，作为某门学科的教学专家，这当然是很有必要的。但这一价值导向有时却加剧了部分教师，尤其是优秀教师单极化发展的倾向。有些教师具有很强的适应性，对相关学科均有研究，从素质教育的角度看，学校更需要这样的教师，但因为其成果庞杂，不够集中，便很难走进特级教师的殿堂，这不免使人有几分遗憾。倘若要求特级教师申报者必须具备一定数量的其他学科研究成果，或许对教师发展更为有利。像美国哈佛大学规定：文学艺术、历史、社会分析及道德观、自然科学、外国文学，五门核心课程，无论哪个专业的研究生都必须选修；哥伦比亚大学则将哲学、文学、历史、艺术音乐作为四大核心课程，目的在于让“硕士变硕，博士变博”，这应当对我们有所启示。
>
> ——《素质教育当务三急》，《江苏教育研究》1999 年第 6 期

二、为什么要当特级教师？——反思个人的价值取向

特级教师的评选办法和评选条件具有很强的导向作用，这是不可

否认的，也是应该的。但作为教师个人，为什么要当特级教师？怎么努力去当特级教师？这就不同了。当初没有“特级教师”这一称号，许多优秀教师怀着对人民教育事业的赤诚之心，兢兢业业，潜心研究，不懈努力，以自己深厚的底蕴和精湛的技艺成为大家公认的榜样和楷模，像斯霞、李吉林、于永正，他们至今还是江苏教育界的常青树。可自从有了“特级教师”这个称号，少数人却舍本求末，不是在敬业精神和专业发展上下工夫，而是冲着这个称号“不懈努力”，急功近利，势在必得。2001 年第 19 期《江苏教育》独家策划《孔雀东南飞》中，一位青年教师有一段话：

我是一个农民的儿子，从 8 岁起就做起了教师梦。我如愿以偿地读了师范，毕业后回到家乡，在一所乡村中学教书。我读书、教学、教研、写作，心里做着特级教师梦。有一年，省里举办青年教师语文优课评比，我入选了，但校长不让参加，他说，我们不需要这样的人才。在这样的环境里，我根本没有办法圆我的特级教师梦。我想调到市中学，没有如愿；于是一不做二不休，索性“东南飞”——正如《共产党宣言》里所说的，我失去的无非是镣铐。几年来，我换了一所又一所学校，最终的目的，就是要找一个能圆我的特级教师梦的地方。

这位老师很可爱，特级教师几乎成为他的一种情结，一种精神寄托。然而，为什么要当特级教师？难道说，优课评比就那么重要，只要有了一堆获奖证书作资本，就真的成了“特级教师”？难道说，读书、研究、写作，非得要某人“批准”了才可以，否则就不行？难道说，当不了特级教师，生命就没有其他意义，这一辈子就等于白活？

难道说，这样“一所又一所学校”的连轴转，就能圆上特级教师梦？退一步说，即便圆了，又怎么样呢？……

我本无意责难这位教师，因为有追求总比浑浑噩噩好。不过要知道，特级教师只是一个称号，一种表象，透过这层表象，他也是一个普通教师，也要日复一日、年复一年地备课、上课、批改作业、辅导学生、处理纠纷……一个真正的特级教师，如果有什么“特别”之处，恐怕只能是更敬业、更勤奋、更踏实，付出的比一般教师更多，做得比一般教师更好。他首先必须是一个合格教师，在此基础上努力成为一个优秀教师、甚至优秀得让一般教师难以企及。至于能不能成为特级教师，不是完全由他自己决定，或者他自己压根就没在意过，因为他的价值目标已远远高出“特级教师”称号本身。有人喜欢一句名言：不想当元帅的士兵不是一个好的士兵，这固然对，但一个连士兵还没当好、也没有耐性去当好、满脑子只想当元帅的士兵，只怕未必就是一个好士兵。笔者有幸当过 20 年中小学校长，大体知道那些“我”字当头、自命不凡、总是算计着要“脱颖而出”的教师对于学校意味着什么，学校对他们意味着什么。《孔雀东南飞》中一些苏北的校长要求教师老老实实把书教好，反对参加竞赛或写论文，恐怕不都是落后和妒贤，在功利色彩日见浓厚、形式主义愈演愈烈的当今教育界，也许正是对耐不住寂寞的教师的一种警策和忠告。

三、怎么当好特级教师？——反思社会成长机制

对于一所普通中小学来说，要有一名特级教师真是难上加难，即使是一个地区，特级教师也是少数。按理说，特级教师应当立足当地，扎根学校，在本地区和所在学校的教学改革、师资培训、教育科研等工作中发挥示范、带头和指导作用，同时自身也在常规性的教育

教学中不断提高和发展。然而，人们有时不得不面对的是：

有些名师上课赛过演戏——形象“绝类弥勒”：名师成了好好先生，对学生的态度好得没有一点脾气；“道具”的使用更是令人眼花缭乱，从识字卡片到多媒体，声、光、电俱全，十八般武艺全上。这样的样板课，其实与名模的时装没有什么两样，台上穿得漂亮，生活中却学不得……可是，由于有名师作秀在前，行政推广在后，这样的“八股”教学居然在一些地区盛行开来，一线教师明知荒唐而学之。

有些教师成名之后，到处演讲、“布道”，上课却成了副业。……有些教师在登堂入室之后，急急忙忙把为自己成长、成名提供了优良环境、难得一遇的机会，甚至是不计代价培养他们的原单位抛开。当然，人才能够流动，确系社会的一大进步；知识成为商品而有价，这也是市场经济的必然。但教师的流动必须合乎教师的职业特点（时髦的说法是游戏规则），名师千万不可像有的明星那样，名气大脾气更大，一不如愿便撂挑子，炒学校的鱿鱼，甚至干脆不辞而别，让束手无策的学校除了后悔自己培养了名师外，只能干着急。

——梁国祥：《是真名师自风流》，《江苏教育》2001 年第 7 期

在现实生活中，名师并非都是如此，很多特级教师能正确对待自己，正确对待别人，正确处理好个人和学校、常规工作和理论研究等各种关系，从而赢得了同行和社会的一致好评和敬重。但也确有少数名师缺乏清醒的认识，动不动以专家、名人自居，目中无人、舍我其谁。有人看不到大红证书背后学校的巨大投入，看不到自己占据了多少人的机会成本，从不考虑怎样回报学校，反哺乡亲弟子，而是作为

个人资本，变成向外界推销自己的身价标志；有人不以“名师”为满足，千方百计谋“官衔”，甚至扬言不给就走人，鱼和熊掌要兼得；有人很看重自己的“专利”，翻来覆去那几节课，那几套思路，热衷于走穴、赶场子，作茧自缚，故步自封。

平心而论，一些特级教师、名师频频走场亮相、表演，一味责怪他们也有失公允，因为他们也有他们的苦衷：你想，现在一年到头有多少培训、竞赛、报告、讲学、观摩、示范……哪一次不都需要有几个名师撑台面？反正收费标准又用不着谁来核定，想收多少收多少，“一律回原单位报销”（有时连正式收据都没有），一次几百人上千人，这样的活动对于主办者来说，既是业绩，又有收益；对于“名师”而言，既扩大了影响，又饱了口袋，大家都一举两得，何乐而不为？况且贸然拒绝主办者，情面也拉不下来，尤其是那些坐不住的“名师”们明白，所谓“名”，要是没有机会不断地“亮相”，没有人不断地捧场，这“名”既难响亮，也难长久。

回到题目，“职称与实绩到底孰轻孰重”？其实，这两者应当互为表里，无轻无重。本人一直牢记雅斯贝斯的一句名言：“教育是极其严肃的伟大事业。”因而也老是重复说：教育不能像不负责任的经销商那样信口雌黄，也不能像盲目狂热的发烧友那样哗众取宠。一所好学校必须依靠一批（不是几个奇货可居者）德才兼备的好教师，一个好教师更必须依附一所（不是像逛地摊一样一所又一所）好学校。

愿和我有着同样称号，但远不像我“嘴尖皮厚腹中空”的特级教师们记住：皇帝的女儿有时也愁嫁。

（原载《教育参考》2003 年第 12 期）

盘活·激活·教活

——教师对深入减负的积极应答

减轻学生过重的课业负担，经过前一段时间的努力，应当说已经初见成效，社会重视程度普遍提高，学生的在校活动总量和作业负担明显减轻，课余生活逐步得到丰富。然而，必须看到，减负并非就此结束，如何巩固已有成果，把减负工作深入持久地开展下去，仍然是一个艰巨的任务。

笔者以为，课业负担的轻重很大程度上跟学生的心理状态和情感体验有关，具有较大的场景差异与个体差异。减负如果只满足于量的限定，无论怎样精确，都只能浮在表面，如果单靠行政方面的禁令，无论多么强硬，都难以持久。要真正减轻过重的课业负担，必须标本兼治，而关键在学校、在教师，核心问题是课堂教学。可以说，课堂教学效率的真正提高是减负的根本出路。而课堂教学效率又是教师思想、水平、能力的综合体现，从这一意义上说，教师是减负的第一要素。减负工作倘若不能成为全体教师自觉而有效的行为，结果只能是无可奈何的夭折。遗憾的是，现有教师队伍整体水平不高，少数人知识贫乏陈旧，思想封闭僵化，方法简单拙劣，只能凭专制作风和强制手段勉力撑持。因此，教师自觉地把存量知识盘活，把自身思想激活，把教材内容教活，是对深入持久开展减负工作的积极应答。

一、把存量知识盘活

作为知识来源与对象的自然界，是一个开放的永远未完成的世界。知识既能够反映对象的既成状态，又能够反映对象的各种潜在可能性。所谓存量知识，是相对于增量知识（潜在的创造再生性知识）而言，主要指反映既成状态的（符号的、意会的、理论的、实践的）静态知识的总量储备。

“盘活”首先意味着持续的丰富和积累。有人认为进入信息时代，所有知识信息都可以在网上储存和检索，获取知识并不重要，这当然不错，但不宜绝对化。教学应当是一种在存量知识基础上进行的积极的创造活动。固然，教师不应以单纯传授存量知识为能事，单纯知识的累加也不一定能形成增量知识和创造能力，但没有足够的存量知识却一定不可能创造出增量知识。著名学者吴小如早年曾师从陈寅恪，其时陈寅恪已双目失明，却能对吴小如的问题详加指点，每每具体到某书某卷某页，且十有八九不误，何以如此？因其对《旧唐书》《新唐书》《资治通鉴》等早已熟记成诵，故而终成一代宗师。试想，连牛顿、爱因斯坦都说过他们是站在前人肩上之类的话，作为普通教师，如果拒斥记忆、鄙薄积累，过于依赖电脑网络现炒现卖，别说目前大多数人还不具备这样的条件，就是具备这样的条件，怕也难以做到在课堂上成竹在胸、深入浅出、纵横捭阖、应付裕如。而倘若只会照本宣科，强迫学生秉承教师旨意“学习”，课堂何来活力和生气，这种毫无新鲜感、愉悦感的课堂必然是厌学情绪滋生的土壤。

“盘活”还意味着不断的淘沥和更新。作为存量知识并非都是鲜活的真知，其中有些原本是谬误，需要用后继成果来匡正，有些已经陈旧，需要以新鲜的知识来取代。这种匡正和取代越自觉、越及时，自身的知识体系便越牢固、越健全。比如传统物理学认为物质有三态：固态、液态、气态，可近年关于等离子体的研究就打破了这一定论。况且，现在学生获取知识的途径非常丰富，课堂已不再是唯一渠道，教师也不再是智慧的“神匣”。对于教师来说，只有努力拓宽视野，建立宏大的知识背景，才能保持存量知识优势，如果不广泛关注知识的最新发展，故步自封，以经验主义态度抱残守缺，我行我素，或者画地为牢，以实用主义态度急用先学，一叶障目，只能“以其昏昏，使人昭昭 ”。“爱屋及乌”，学生对某一学科的兴趣热情，甚至毕生追求，往往源于对这一学科任课教师的敬佩和信赖，一个知识陈旧、视野狭窄，甚至逊色于学生的教师，只能败坏学生对相关学科的兴致。

二、把自身思想激活

我们强调教师必须重视知识的积累和更新，并不意味着搞知识至上，把教师变成两脚书橱。相反，我们十分强调教师要有理念，因为教师的教学行为总是受其教育思想观念的影响。如果没有理念，知识再多也只能是一堆杂乱无章的闲置件，无法进行构架和整合，知识再好也只能淹没在大量的无关信息之中，无法进入认知结构，成为人的精神基质。

形成理念，不应将理念神秘化，因为理念不是孤立的存在，而是与教育现象同在。教与学、教师与学生、课内与课外、学校与社会、历史与未来、传统与创新……这些问题都是教师每天面临的实际问题。教师独特的教育思想和教学风格，正是在研究和解决上述诸多对应关系的过程中逐步形成并得以巩固发展的。著名教育家苏霍姆林斯基从 17 岁当农村小学教师，29 岁担任巴甫雷什中学校长，直到 52 岁逝世，始终没有离开学校，脱离实践，正因为他在实践中不断地进行哲学追问，才形成了他独特的理论体系。因此，激活自身思想必须深厚哲学根基，懂得“大多数一般性的教育问题归根到底是哲学本身的问题”（齐治·奈勒）。以马克思主义的立场、观点审视日常教育现象，悉心探究教育规律，自觉调整实践行为，应当成为教师的基本品质和职业习惯。有人往往惊叹于优秀教师的教育机智，这种机智使他的举措出奇制胜，课堂精彩纷呈，其实那是一种长期积淀，是深邃的思想和丰厚的学养在瞬间绽放的火花。

形成理念，也不应将理念庸俗化，因为理念总是系统的、深刻的、超越的。满足于用一些时髦的概念术语哗众取宠，或者盲目地套用某种既成模式企图标新立异，都是不对的。理念既不能移置，也无法教会，理念只能自主生成，而且是一个不断扬弃、不断发展的过程。因此，激活自身思想必须强化批判精神和创新精神。马克思主义在本质上是批判的，认为“全部历史都应当重新加以研究”（马克思）。对于教师来说，这种批判首先应当指向自己，而不是一味地评判客观、怨天尤人。要知道，由于受传统观念和“左”的影响，每个教师都有认识上的误区，不跳出这些误区，实现自我超越，就根本无法适应教育改革与发展的要求。因此，不真正实现教师的思想解放，就不能解放学生。在现实生活中，越是具有自我批判精神的教师越谦恭，越民主，越是受到学生的欢迎，而越是自我迷信的教师越霸道，师生关系越紧张。有人说，未来教师的发展应当是经验加反思，这里的“反思”很重要。反思包含着自我批判，包含着自我否定，也包含了自我创造。南京市拉萨路小学特级教师孙丽谷，长期坚持备两套教案，一套是课前的教学设计，另一套是课后总结成败得失后形成的新设计，这就是教学上的一种反思，这种反思使她逐步达到了教学最优化的境界。教学如此，教育何尝不是如此？反思是无止境的，某种意义上也是一种哲学追问，这种追问也许主要不是为了求得解答，而是为了产生对未来的向往，展开创造空间，由此思想可以从“例行工作”中唤醒，观念可以不断地“翻新”，整个人生及其所从事的事业能够永远充满活力。

思想是知识的统领，是课堂亮色的光源。一个不断将新思想、新观念融入生活、融入课堂，并以此影响学生的教师，必然受到学生的爱戴和尊崇，从而达到预期的教育默契。

三、把教材内容教活

教材是教学活动的物质依托。现在许多人指责教材百弊丛生，这不无道理。但要看到，教材受教学时间所限是有限的，而知识增长是无限的；教材受编写周期所限是滞后的，而客观世界是飞速发展的；教材受编者认识所限是“片面”的，而人类的思想是深邃复杂的，因而可以说，企求完美无缺的教材是没有意义的。以科学的态度和创新精神，在有限的教材中再生无限，在滞后的教材中开掘鲜活，在“片面”的教材中构架完整，从而激发起学生自主学习的热情和本领应当是教师责无旁贷的任务和职业追求，因为“教育是人的灵魂的教育，而非理智知识和认识的堆集”（雅斯贝尔斯）。

说到自主学习，有人总满足于在课上让学生多说多动，这当然不错，但要知道，主体意识和自主能力，既不能由教师告诉、给予，更不应是教师的恩准、赏赐，而只能靠学生自身的觉醒和生成。教材本身的错误、疏漏、偏颇既然不可避免，我们就不必将其视为圭臬，如果我们能设法将其中的缺陷转化为教学资源，课堂就不再是沉闷的

“经堂”，而是思想的运动场。试想，学生在教师的引导下，一旦发现他同样可以发现并纠正教材中的谬误、补充教材的不足，一旦发现他居然拥有与教师平等对话和交流的权利与条件，他的意见或做法竟然也能受到老师和周围同学的赏识和采纳，那是什么样的一种情感体验？只要这种愉悦感、成就感经久不衰，他的自尊、自信不愁不能确立，他内在的探究欲、成就欲自然不断得到强化，真正意义上的自主学习也就能实现。相反，一直只知道信奉和屈从，形成的只能是奴性，说得再多做得再多也只能循规蹈矩、谨小慎微，这种曲意迎合、机械仿效根本没有价值意义，而这种拘谨、紧张的心态带来的必然是心理疲劳、精神萎靡。

目前教材较多地受学科本位思想影响，比较注重知识体系，加之基本上是以单一的文字符号形式（有时附一些插图）来表现，对学生来说像一副冷冰冰的面孔，教师是否可以从效果出发进行必要的重组或改造。去年德国以“过去/未来”为题举办“魏玛国际论文争奖赛”，共收到世界各国的论文 2481 件，我国北京大学哲学系王锦民的《上帝的棋局》名列第六，其中独特的见解固然是重要原因，但论文新颖的形式——作者杜撰了一则寓言：上帝给人类设下一盘只能走和的棋局，和局的每一个新局面都是人走出来的，人的意义不在全局的改变，而在局面的创造——却更具有引人入胜的魅力。既然抽象严肃的论文都可以有活泼的形式，小学的一些教材（比如数学、自然）又为何不可虚拟情节、多设悬念，让教学切合儿童的好奇心理，充分激发其学习兴趣？

现在书包轻了，作业少了，学生的课余时间一下子空了出来，全社会都在忧虑：如何填补这块空白？不少人要求学校要精心组织好各种课外活动，这无可非议。但笔者以为，这样的思路依然没有跳出一切由学校和教师包办控制的模式，而且从实践上看，学校也不可能完全设计好每个学生的课余生活。怎么办？还得从课堂教学找出路。倘若我们的课堂教学不再是封闭空间里的机械传授，而是给学生开拓了无限发展的空间 。比如语文课教了《落花生》，让学生向大家推荐许地山其他更好的文章；教了《傣族的泼水节》，组织学生搜集并交流反映云南乃至全国其他少数民族风情特色的资料（包括音像图片）；劳动课教了《拾稻穗》，引导学生关注现实生活中严重的浪费现象；数学课教了有关周长面积和比例的知识，引导学生绘制家庭陈设和布置、学校建筑布局的平面图等，这样把课堂教学有机地延伸到课外，拓展到社会，学生就会主动地去观察、调查、分析、思考、总结、表达……不但课余生活得到丰富，而且学会了交流，学会了合作，同时也便学会了学习。这种出于自觉需要的学习自然是轻松愉快的，也是富有成效的。

“教育无非是一切所学过的东西都遗忘掉以后所剩下来的东西。”（劳厄）因此，笔者主张，课堂教学应当少给结论、多留余地，尤其是小学，不妨故弄玄虚、小题大作。学生一旦进入了广阔的社会空间和思维空间，达到“乐此不疲”的境界，心理压力就会消释，紧张情绪就会缓解，学习就能成为内在需求，人格也就会得到健康发展。

如果说教师把存量知识盘活，是作充足的材料准备，把自身思想激活是练就娴熟的整合能力，那么把教材内容教活就是走向理想目标。盘活存量知识是追求学问家的渊博，激活自身思想是追求思想家的睿智，教活教材内容则是追求艺术家的魅力。师生相容，教学相长，这种开放的、艺术的、审美的教学境界到达之日，便是过重的课业负担彻底消除之时。

（原载《江苏教育研究》2001 年第 1 期）

出“错”·出奇·出彩

——面对课程改革的几点教学思考

教学是课程实施的主要形式。课程改革如果不能把改革的理念和思想融进课堂，并以此统摄和改造教学过程，再好的课程也只能是空中楼阁；而课堂教学如果不能从根本上顺应课程改革的趋势，就也只能是无本之花。因此，作为基础教育工作者，面对课程改革提出的“使获得基础知识与基本技能的过程同时成为学会学习和形成正确价值观的过程”① 这一艰巨任务，谁都有责任进行深刻的教学思考。

出“错”——打破威权

我们过去认为，教学是一种知识传承活动，列入教材的都是“基础”知识，不容许理解的含混和传授的谬误。于是，课堂上便有了许多威权：课本威权，教师威权，名人威权等，其核心是学科中心、知识威权。

什么是“基础”知识？笛卡尔说得很形象：这种知识必须“剥去

① 引自《基础教育课程改革纲要（试行）》。

松软的泥沙，达到坚硬的岩石或粘土”[①]。然而说起来容易做起来难，有些东西不想它也罢，一想就连自己都会发笑。比如小学数学中“1+1=2”是最简单不过也最明确不过的知识，可面对5岁孩子“为什么等于2”的哲学追问却怎么也说不清，面对一滴水加一滴水等于什么的具体问题也无能为力，除了纯数学的十进制计算外，“等于2”的答案几乎全都可以判错。

面对传统的知识属性的困窘，现代科学哲学家波普尔似乎故意跟笛卡尔过不去，他说：“科学没有稳固的基础可以依赖。高高耸立的科学理论大厦似乎立于沼泽地上。它就像用桩支起的一栋建筑，木桩下端深深插入泥土之中，但却碰不到任何‘自然的’或‘给定的’基础。”[②] 因此，波普尔坚持认为：“我们的知识有各种各样的来源，却无一具有权威性。”“知识的进步主要在于对早先知识的修正。”[③] 这样一来，知识的科学性和稳定性从根本上就发生了动摇，教学中的一系列威权就理所当然应当打破。

第一，要善找定论的“错”。

我们的传统教学中，定理、定义、公式……这些“定论”往往都是“不容置疑”的，学生只能“确认”和“服从”。其实，离开了特定的条件和环境，任何“定论”都可能变成谬误。“求几个相同加数和的简便运算叫乘法”这一概念对于“0.3×0.05”的算式就很难说通；水对于化学来说是H_2O，对于物理学来说，是标准大气压下冰

---

① 转引自石中英：《知识转型与教育改革》，教育科学出版社2001年5月版，第188页。

② 同上，第199页。

③ ［英］戴维·米勒著，张之沧译：《开放的思想和社会——波普尔思想精粹》，江苏人民出版社2000年版，第32、38页。

点为0℃、沸点为100℃的一种液态物质，对于生物学来说是生命体的要素之一，归根到底它是什么呢？即便如小学语文中的《两个铁球同时落地》，伽利略的实验令人信服地推翻了亚里士多德的谬论，按说应当是正确无误的，但仔细想想，两个铁球坠落时倘若沿着绝对相同的线路——请注意是“绝对”——那么只能一前一后而无法“同时”落地；倘若沿着不同的线路，那么其距离、坠落过程中的空气阻力等因素又不可能绝对相等（尽管差别小到可以忽略不计），因而也不能“同时”落地。如此说来，“同时”落地的结论就又是“错误”的。

第二，要善待学生的“错”。

学生，尤其是儿童，他们的知识背景、思维方式和情感体验往往和成人截然不同，而他们的表达方式可能又不准确，这就难免会“错”。有些“错”反映了儿童认识的阶段性和递进性，尽管确实明显有错，但“正确”正是在对这诸多“错”的辨析、筛选中逐步形成的，因而每一个“错”都是儿童进步的足迹，阻止了他迈向“错”的脚步，等于阻断了他迈向成功的道路。有些“错”看似“错”，但却是一种超常、一种独特，其中反射出智慧的光芒，那就更为难得，必须倍加珍爱。一位教师教思想品德《保护公共设施》一课，课前让学生用文字或图片记录下公用设施受损情况，本意是教育学生自觉保护电话亭、邮筒等公用设施，可一位同学却认为应该拆除，乍一听吃惊不小，以为是故意唱反调。可一问，他的理由是可以用网络、手机，免得增加管理难度，立在路边又不好看。当然立即有学生表示反对，认为手机要通过卫星传递，既须费钱，还伤害大脑，又有同学再反驳，说手机也可以改进，花钱多国家还多收入呢。谁对谁错？倒是这位教者聪明，一会儿说你可以当邮政部长，一会儿说他可以当财政部长，没有简单地判对判错，结果引得学生一声声叫“哦——”，一个个亢奋不已。

第三，要善设恰当的“错”。

据说世界著名指挥家小泽征尔当初参加一次世界性比赛时，评委给他一份乐谱让他即席指挥。到了中途小泽征尔的指挥棒突然停在半空，因为他觉得此处似乎有一个不和谐的音。评委很宽容，让他重新指挥，可一到此处他又停下了，转过头询问评委乐谱是否有错。评委十分肯定地说，乐谱是著名作曲家的作品，怎么可能有错！小泽征尔再次执棒，可指挥到此处还是停了下来，他忍不住大声叫起来：“不对！这里肯定是乐谱错了！”——原来这是评委们故意设下的“陷阱”。我不知道这次经历对小泽征尔后来的发展有何作用，只是想，我们的老师如果也善于恰当地设置一些这样的“陷阱”，让学生在这种真实的、饶有兴味的“考验”中摔打，他们的选择、辨析、批判能力该会得到多大的长进！

课堂应当出“错”。从某种意义上可以说，越出“错”反而越科学、越全面、越深刻，不出错或许是最大的“错”。

出奇——打破定式

我们一贯以为，以教学形式实施的知识传授是一个“循序渐进”的链式过程，每节课应当有一个周密的程序计划，久而久之，便有了若干“定式”，教师的优劣仅在于对这些定式的操作娴熟程度。因此，备课成了日常检查教师工作的重点，一些公开课和评优课则反复设计、反复试教、反复“磨”——现在又加上“课件”，直到每个细节、每句话都设定为止。这样的课真如“行云流水”，“顺畅”得很，很具“欣赏”价值，然而都好么？

1998年，美国科学教育协会代表团访问上海，在一所著名重点中学听了一堂物理课，任教的是一位特级教师。教学中，内容精当、层次清楚、节奏紧凑、学生活动充分，教师的提问都是精心设计的，学生的回答也都清晰明了（但愿只是设计得周密，不是事先使假"做"出来的）。按照我们的评价标准，这堂课可算是天衣无缝了。可是美国代表团成员反映很冷淡，他们说，课堂上都是老师提问，学生回答，既然学生都已能回答了，这堂课干什么还要上呢？[①] 这可能反映了东西方教学观念上的差异，但对我们的触动是深刻的。

教学本质上应当是一种交往，一种对话。雅斯贝尔斯在说到苏格拉底"对话"式的教育时认为，"苏格拉底主张教育不是知者随便带动无知者，而是使师生共同寻求真理。……师生在似是而非的自我理解中寻求难题，在错综复杂的困惑中被迫去自我思考，教师指出寻求答案的方法，提出一连串的问题，而且不回避答疑"[②]。按照这样的说法，是"似是而非"，是"错综复杂"，又"不回避答疑"，课堂教学无论如何也无法"设定"，更不可能形成一成不变的定式。

其实，打破过多的"设定"还有待于确立这样的观点：学生认识的形成和提高，固然也可以由认识对象"激发"他的认识兴趣，但起决定性作用的是他自身内在的认识需求——好奇心、求知欲，是他凭借自己的先在条件"选择"和"设置"了认识对象，从而使认识对象从隐蔽的、寂静的、混沌的世界中凸现出来，像一件"猎物"被他攫取、享用、消解、内化。

要能"出奇"，就要不求"顺畅"，减少人为"设定"，努力增加

---

① 参见袁振国：《反思科学教育》，《教育参考》1999年第1期。

② 雅斯贝尔斯著，邹进译：《什么是教育》，生活·读书·新知三联书店1991年版，第11页。

随机性。

第一，要保护和满足学生的好奇心。教师不要一厢情愿人为地“设计”某种形式激发儿童的兴趣，而是尽量满足儿童原本存在的好奇心。当然儿童的好奇缺乏深刻的认识基础和明确的价值目标，往往是肤浅的、从众的、短暂的，但正是这种看似漫无边际、变动不居的好奇，同样蕴含着儿童的某种角色期待、价值期待或理想追求，尽管对于成人来说也许是幼稚可笑甚至是荒诞的。也正是这种期待或追求，往往能成为人一生发展最直接、最基本的动因和诱因。

第二，要努力重现知识的“过程”和“故事”。教材受篇幅、数量的限制，总是求精求简，呈现的样式多为干巴巴的知识结论，对于学生来说，往往味同嚼蜡。其实，儿童更感兴趣的往往不是结论本身，而是隐去的有关结论的故事和过程。在课堂教学中，如果教师不只是强制学生按照自己设定的程序“牢记”知识概念，而是允许甚或着意引导学生探寻知识的故事与过程，就能将他们原本肤浅、从众、短暂的好奇逐发发展为深刻、自觉、持久的关注与研究。

第三，要保持教学过程的新颖和奇特。有学者说，“教学就是即席创作”[①]。不用说不同的教学内容，即便是相同的教学内容，哪怕是同样的一份教案，真正走进课堂都只能是独特的“这一节”课。对象变换了，时空发展了，就像赫拉克利特所说的人不能两次踏进同一条河流一样，不可能有两节完全相同的课。教师只有将教案看作是一种未成熟的大体思路，看作是有待改进的设想，自觉地追求“每一次都是唯一的、不可重复的、丰富而具体的综合”[②]，使每节课都充满

① ［加］马克斯·范梅南著，李树英译：《教学机智——教育智慧的意蕴》，教育科学出版社 2001 年 6 月版，第 209 页。

② 叶澜：《让课堂焕发出生命活力》，《教育参考》1997 年第 4 期。

新颖和奇特，才能使课堂充满灵性和魅力。

出彩——打破沉闷

我们一直认为，教学目标的全面达成是一节好课的主要标准，因此，多少年来几乎所有的教案首先列出的都是“目的要求”，并且条分缕析，既有认知性的，又有情感性的和技能性的；既有基础性的，又有发展性的，一度“目标教学”还成为一种潮流、一种时尚。

课堂教学必须有明确的目标，这是毫无疑义的。然而如果仅仅满足于课前设定的三条还是五条目标，而且集中在可以评量的显性目标，课堂就不免压抑、沉闷，成为学生滋生厌学情绪的土壤。

要想打破这种压抑和沉闷，让学生对教学乐此不疲，课堂就必须能“出彩”。所谓“出彩”，就是突变带来的妙趣，是意外带来的惊喜，就像京剧的叫板、相声的“包袱”能带出“满堂彩”一样，它是课堂的亮点，是对“目标”的超越和升华。

教学要能“出彩”是一种很高的要求。

第一，要有开放的思想和民主的氛围。反观过去的课堂，之所以压抑沉闷，最根本的原因就在于封闭：封闭的知识体系，封闭的教学时空，封闭的教育观念，加上教师的专制思想和话语霸权，课堂像一块封建领地，剥夺了学生对课程知识进行独特理解、追问、质疑和批判的权利，把学生宝贵的求异火花和批判精神的萌芽视作“捣蛋”“打岔”“节外生枝”，轻则冷落，重则呵斥，即使高明一点的也不外乎回避，始终不肯乱了自己的“方寸”，以致错过了许多本可以使课堂增色的良机。其实，知识也好、认识也好、思想也好，对每个人来说都既可以认同、也可以拒斥，既可以吸纳、也可以摈弃，既可以辩护、也可以质疑。在教学过程中，学生应当理所当然地拥有对问题的提示权和阐释权。所以有人设想："如果有一节课不是以教材知识为线索也不是以教师的问题为线索，而是以学生的问题为线索来进行的话，那么这节课对于学生来说，该是多么有意义、多么有吸引力的一节课啊！"[①]

第二，要有"教学机智"。"机智"（tact）源自拉丁词"tactus"，意为触摸、产生效果，《现代汉语词典》释为"脑筋灵活，能够随机应变"。据说较早将"机智"的概念引入教育的是德国教育家赫尔巴特，他在1802年的一次讲演中说："关于你究竟是一名优秀的教育者还是拙劣的教育者的这个问题非常简单：你是否发展了一种机智感（a sense of tact）呢？"加拿大的马克斯·范梅南进一步指出，机智"是全身心投入的敏感的实践"[②]。这里就有三个要点：一是要"全身心投入"，教师必须以丰厚的积累、充沛的精力、昂奋的精神状态走进教室，必须挣脱目标的锁定，跳出教材的樊篱，沉醉于息息相通的师生精神交往之中，以致达到忘我境界，机智才能"应运而生"。二是"敏感"，机智的本意便是"触摸"，很大程度上是一种瞬间的直接感受，这就要悉心体验每个教学环节的实际进程，留心每个学生细微的反映和情感起伏，及时将那些看似无助甚至有碍于教学进程的偶发事件巧妙地转化成可遇而不可求的教学良机。三是"实践"，教学机智是一种缄默的知识，是在长期的实践中反复尝试、反复琢磨产生的"顿悟"，是道德素养、文化素养、专业素养等在课堂教学中长期积蓄而迸发的智慧火花。正是这种教学机智，"它使教育者有可能将一个没有成效的、没有希望的、甚至有危害的情境转换成一个从教育意义

① 石中英：《知识转型与教育改革》，教育科学出版社2001年5月版，第215页。

② ［加］马克斯·范梅南著，李树英译：《教学机智——教育智慧的意蕴》，教育科学出版社2001年6月版，第167页。

上说积极的事件”[①]。这种从教学进程中引发的完全真实的“情境转换”比人为的“创设”“演示”效果不知要好多少倍。

需要说明的是，出“错”、出奇、出彩只是一种大致的表述形式，不是准确的科学概念。它只是一种理念，一种精神追求，不是一种形式，更不是一种套路。出“错”、出奇、出彩是一个统一的整体，如果将出彩视作教学的最佳境界，出“错”就是基础（这里的“错”当然不是常识性错误，而是“否定之否定”的“错”），不出“错”便没有突破、没有超越；出奇是条件，有奇才有“诱惑”，有奇才能创新。在整个教学过程中，倘若总是“错”中有奇，奇中有“错”，师生就能教学相长，课堂就能精彩纷呈。

（原载《江苏教育研究》2002年第8期）

① ［加］马克斯·范梅南著，李树英译：《教学机智——教育智慧的意蕴》，教育科学出版社2001年6月版，第172页。

真问题·真研究·真成果

——浅议中小学教育科研的实践取向

这些年，“科研兴校”“科研兴教”“科研兴师”的口号出现频率很高，事实上也确实是几乎校校有课题，有些学校还号称人人有课题。这一现象说明，广大中小学校和教师已经充分认识到自己的工作需要科研来支撑，也不再将教育科研看作是深不可测、高不可攀的事，这委实是一件好事。但如何使教育科研不变成一时的应景之作，而成为持续有效的发展战略？这就有必要从自身特点出发，扎根实践，求真务实。

一、要有真问题

叶澜教授曾在一个场合提出，问题是研究的开端，问题质量是科研质量的决定性因素。这话是对专业理论工作者说的，但对广大中小学校和教师同样具有根本性的指导价值。

现在许多中小学都有科研课题，而且不少课题都很宏大，很“前卫”。然而，这些课题是从哪里来的？有些是讨来的——主动到高等院校或科研机构登门求援；有些是借来的——从某些书籍资料或课题指南上找一个“有用”的题目；有些是附庸的——在某位专家学者门下打工帮闲，从中分一杯羹；有些是臆造的——找几个新鲜词语拼装组合，“为赋新词强说愁”。总之，真正从自己的实践过程和理性思考中发现和提炼的课题有，但不太多。

课题来源于问题。吴康宁教授曾将教育研究的“问题”分为四类：互通的问题、私己的问题、异己的问题、炮制的问题。他认为，无论从哪个角度，第一类问题都是真问题，第四类问题都是假问题，中间两类则比较复杂。那么，对于教师来说，什么是真问题？我认为，真问题就是学校和教师自身基于实践的个别化问题。这或许就是吴康宁教授所说的“私己的问题”。吴教授认为，这种问题尽管研究者本人怀有研究欲望与研究热情，但在“他者”的眼中、“公众”的眼中，却同教育理论的发展或教育实践的改善没有多少关联，并无、或几无多少实际意义，因而多半被视为“假问题”。[①] 但我以为，他主要是针对专业研究工作者而言的，研究者身份不一样，任务不一样，问题的真假也许就不一样。对于千千万万从事实际教育教学工作的中小学教师来说，恐怕与专业理论工作者正好相反，“他者”“公众”固然要顾及，但更主要的是关注自身，在日复一日、年复一年的实际工作中，那些总是说不清道不明的成败原因，那些解又解不开、绕又绕不过的烦恼困惑，或许对教师个人的专业发展更有意义。教师正是通过对这些基于自身的问题的研究，逐步建立起自己的教育理念，使自己的实践行为更合目的性和规律性，进而形成自己的教学风格和特色。

---

① 参见吴康宁：《教育研究应研究什么样的“问题”——兼谈“真”问题的判断标准》，《教育研究》2002 年第 11 期。

所谓“基于实践”，是因为教育的实践性决定了教师的科研只能建立在经验的基础之上，是对自身经历、体验的自我反思和自我认识。当然，理论学习和理性思考也是十分重要和必要的，但理论并不应呈现为与实践的分离与对立，而应参与实践并与实践相统一，“理论乃是真正参与一个事件，真正地出席现场”①。因此，教师的科研就应当跳出“纯粹科学”的传统范式和主客二分的思维模式，教师不可能完全从自己的实践中“抽身”，进而将自身实践作为纯客观的对象进行研究，而只能“入场”，像演员研究角色、塑造角色一样，从自己的生活经历和情感体验出发，借助理论指导和理性思考，边琢磨，边尝试，边调整，边创作，努力实现自身和角色融为一体。

所谓“个别化”，是因为教育工作是最富创造性、最具个性化的工作，每一个班级、每一个学生、每一节课、每一起偶发事件的处理，严格说来都是唯一的、不可重复的。教育中没有“放之四海而皆准的真理”，没有万变不离其宗的通用法则，因此教师科研的独特价值不在研究一般规律的普遍性，而在研究个别案例的独特性和丰富性。教师只有在对独特性和丰富性的不懈追求中，才能焕发神采、绽放精彩，也才能无愧于职业称号中的“师”字。

说到真问题，可能还有一种偏向：鄙薄验证，追求新奇。有许多学者一直提醒中小学教师，研究课题的制定要注意搜集资料与信息，避免重复劳动。有些课题的内容很好，是大家非常关心的“热点”问题，但你的视角与方法并无新意，别人已发表过类似成果，如果对此不予关心，很可能要做无用功。这是非常中肯的，因为任何研究如果

① 洪汉鼎：《诠释学——它的历史和当代发展》，人民出版社2001年版，第320页。

离开了宏大的研究背景，也无视已有的研究成果，搞自我封闭，那不是徒劳，就是失败。然而我又以为，对于广大中小学教师（非专业研究人员）来说，恐怕又不能过于绝对。既然我们主要研究“自身基于实践的个别化问题”，其课题价值就主要在于为“我”服务——解决自己的问题，而不在于向“他者”推广。这就像游泳，最终目的是自己要会游泳，不能因为其他许多人都会游泳，而且形成了一整套游泳教程，自己就不必再下水尝试一样。因此，别人研究过的东西，即使早有定论，对于中小学教师而言，未必就没有“重复”的价值，因为别人的成果都已经过概括和提炼，加上付诸文本表达，那些具体的方法运用、过程的演进细节、复杂的情感体验，这些最鲜活的科研要素往往随着成果的“简约化”而被“风干”了，倘若教师在“重复”的过程中得以再现和复活，乃至丰富和发展，岂不大有裨益？更何况，“对一个问题的每一种解答都产生新的未解答的问题；起因问题越是深邃，它的解答越是大胆，引发出的新问题就越多”①。定论未必就是真理，未必一经锁定就亘古不变，“知识的进步主要在于对早先知识的修正”②。从这一意义上说，对已有成果的验证（包括证实与证否），未尝不是对新成果的探究，二者并非泾渭分明，关键在于既不迷信，也不轻狂，以诚实平和的心态对待教育科研，“老”问题照样可以出新成果。

二、要作真研究

问题意识是教师开展教育科研的基石，而问题解决则需要运用恰

---

① ［英］戴维·米勒编，张之沧译：《开放的思想和社会——波普尔思想精粹》，江苏人民出版社 2000 年版，第 38 页。

② 同上，第 39 页。

当的方法。假问题多半是别人解决了的问题，因而方法是现成的；真问题因为等待着解决，所以方法要靠自己去选择或创造。现在不少学校的“研究”很热闹，但因为有些问题就不是真问题，所以研究也就不是真研究。有些研究是邯郸学步，别人打个喷嚏，自己也跟着打个喷嚏，方法和过程看起来很“规范”、很“成熟”，但全是模仿，缺乏个性、缺乏新意；有些研究是“无病呻吟”，把原本不是问题的东西弄得玄乎乎的，也就是吴康宁教授所说的“炮制的问题”，在制造虚假的繁荣景象的同时，还玷污了自己的个人人格和学术道德，与教师的身份也不相称。还有些研究尽管问题有价值，但重结果轻过程，前有课题，后有成果，中间是“黑箱”——有一个时间段，但没有过程反映，甚至干脆舍弃过程，课题与成果“齐飞”，假设共结论“一色”。凡此种种，不能不说是“伪研究”。

所谓“真研究”，从教师的职业特点出发，同样应当是基于实践的不断的反思、解释、感悟与尝试，是对自身行为的意义追问和路径探究。因此，教师研究就有别于专业理论工作者那种逻辑化的推导与演绎，提倡行动研究，提倡个案研究。

行动研究是什么？英国课程学者麦克考南说：“行动研究乃一反思性过程，在一个给定的问题领域，人们希望借此过程而改进实践或加深对问题的个人理解。探究是由实践者所从事的：首先，清晰地界定问题；其次，具体说明行动计划——包括对把行动计划运用于问题情境的假设的检验。通过评价而监督并确保所采取的行动的效率。最后，参与者反思、解释和发展，并在行动研究者群体之间交流这些结果。行动研究是由实践者着眼于改进实践而作出的系统的、自我反思性的科学探究。"[①] 这段话中反复出现的关键词是"实践者""实践""反思""探究"，因此，这种研究方法最适合于教师自身基于实践的个别化问题。都说教育是一门科学，可至今没有形成一门独立的、为学术界所公认的教育学，这是令许多教育理论工作者寒碜的事。但对于广大教师来说，理论构建不是自己的专业和专长，教师不能也不应与理论家抢饭吃。况且，教育又有多少像公理定律一样普遍适用的规律？即便有几条也是众所周知的常识。教师的本事不是把这些常识说得怎样流利、动听，而是将这些常识转换成行动，在自己的实际运作中做得顺当、巧妙、有效，做出丰富性、独特性、创造性来，这应当理所当然地成为教师研究的出发点和落脚点。

所谓"个案研究"，是基于这样一种认识：教育既然是实践的，它就没有普遍，只有个别；教育研究只能面向独特与差异，而不是统一与共同。正因为如此，教师就具有得天独厚的条件——整天身处活生生的教育实践中，那里有最丰富、最宝贵的问题资源。只要善于抓住那些表面上看来司空见惯的某一个细枝末节，通过自己的反思与领悟，发现其中有意想不到的意义或机理，进而给出自己特定的、不可重复的描述或解释，这种研究的价值对于教师自身来说，就不亚于哥伦布发现了新大陆。

行动研究也好，个案研究也好，如果从方法论的角度看，可能都属于质的研究。质的研究是相对于量的研究而言的，按照陈向明教授的说法，"质的研究是以研究者本人作为研究工具，在自然情境下采用多种资料收集方法对社会现象进行整体性探究，使用归纳法分析资料和形成理论，通过与研究对象互动对其行为和意义建构获得解释性

---

① 转引自单丁著：《课程流派研究》，山东教育出版社 1998 年 12 月版，第 238 页。

理解的一种活动”[①]。

她认为，这种研究方法比较适合在微观层面对个别事物进行细致、动态的描述和分析；擅长对特殊现象进行探讨，以求发现问题或提出新的看问题的视角；强调从当事人的角度了解他们的看法，注意他们的心理状态和意义建构；重视研究者对研究过程和结果的影响，要求研究者对自己的行为进行不断的反思。从上述特点出发，我觉得，教师的教育科研可以形成一种独特的范式：

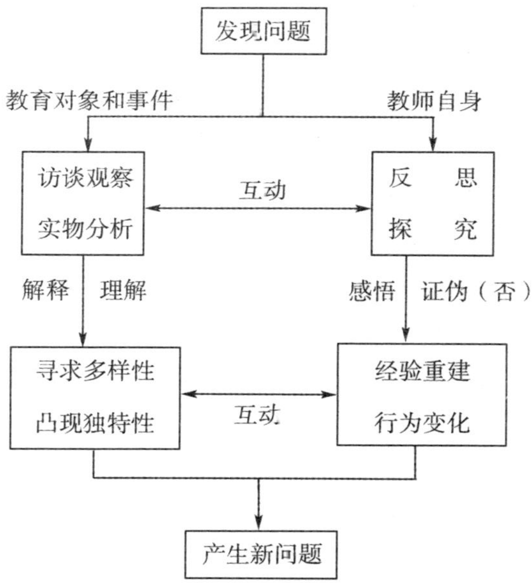

这一范式与传统的假设（立论）——文献检索、实验统计、演绎推理——证实——结论范式明显不同：不是假设在先，求证在后，而

---

① 陈向明：《质的研究方法与社会科学研究》，教育科学出版社 2000 年版，第 12、10 页。

是不作假设，只关注现象本身；不是以证实为目的，而是感受领悟，有时还努力证伪、证否；不是以得出结论为结束，而是随即产生新的问题启动下一轮研究；教师也不是“孤身”进行单线条的封闭式的研究，而是始终与被研究者（学生、班级乃至家长等）处于互动状态中。

三、要出真成果

如果说，问题意识是研究的开端，问题解决需要合适的方法，那么，研究成果就应当与特定的问题及其解决方法相匹配。过去，一些专业理论工作者出于自信或自负，总喜欢用既定的“学术规范”要求中小学教师，而基层教师出于对专家学者的景仰或迷信，也企图挤进学术圈，结果使中小学教育科研的路总不顺畅，以致滋生了不少假问题和伪研究，相应地也就产生了许多只能用来“扩大影响”、“提高知名度”、获奖、评职称的虚成果。

陈向明教授认为，教师作为一门专业（而不仅仅只是一个谋生的职业），需要一定的知识作为条件，其中实践性知识是教师专业发展的主要知识基础。以往的教师教育，要么在师范院校里学习教育理论和学科知识，口耳相传，书面考试；要么在有关中小学观摩优秀教师的可视行为，听课、评课、面试考核。“前者重理论灌输，脱离实际；后者重机械模仿，缺乏分析、批判和隐性知识显性化。而教师的实践性知识，与外在理论相比，对教师更具亲和力，更能为他们带来稳定感和安全感，因而也更具持久发展和自我生发的可能性；与机械模仿相比，它更加系统、明朗，更具有批判反思的可能。教师只有以这种知识为基础，才能意识到自己的理智力量，去除对专家的迷信，言说自己的知识，找到自己知识的生长点和自我专业发展的空间。”①

基于以上认识，教师科研的真成果不应是可量化的显性的文本形式，而应当是人格魅力和实践智慧的生成。不是有人老是质疑教师的专业性，讥讽全国有几千万教师，却连个“教育家协会”都没有，觉得只要有了一点起码的文本知识，谁都可以上讲台吗？恐怕我们教育理论工作者也有责任。因为我们老是跟着其他自然学科亦步亦趋，也弄出了十条八条原则、规律之类，而且以为可以不分对象、不分时间、不分场合重复套用，这种理论本身就把教师看成是只会、也只能听从外在指令的工具，其高下之分只在于听命的忠实与操作的准确而已，这样一来，本来最应当讲求人格魅力的教师，只能沦为与工厂技工相差无几的教书匠而已。其实，“教育是一种实践活动，是一种开放的、反省的、不确定的、形式复杂的人类活动，这种活动不受理论原则的制约或技术规则的指导，而由基本的教育价值观指导”②。因此，教师从事教育科研的根本意义不在于研究出了什么，或者研究出的东西有没有普遍价值，而在于研究过程本身，在于在研究中形成的深刻的问题意识和独立解释问题和解决问题的能力，这是教师专业化发展的必由之路。况且真正的专业化不只是熟练技术，而更是实践智慧，其最高境界就像画家、作家、歌唱家、演奏家一样，是那种矢志不渝修炼而成的、几乎无章可循无法可依的出神入化、游刃有余。操作技术尚可培训，实践智慧则要在自主式的、反思性的研究活动中点滴涵育。要说教师的科研成果，这种隐性的、融入教师认知结构的专

---

① 陈向明：《实践性知识：教师专业发展的知识基础》，《北京大学教育评论》2003年第1期。

② 方建锋：《对教育理论与实践关系的再思考——兼论教育研究的取向与方法》，《华东师范大学学报·教育科学版》2003年第2期。

业素养才是真成果，而且是终身受用的大成果。

当然，我们强调研究的实践取向，并不排斥理论成果，更不鄙弃成果的推广应用价值。相反，我们提倡和鼓励教师不断形成能被“他者”和“公众”认可的显性成果，但最好是作为研究的“副产品”，不要刻意追求。要知道，一个教师，如果心中一直有问题“悬置”，一直自觉地处于研究状态，那么，他就每每有一种言说的需求，渴望表达、渴望交流，自然他就有了写作冲动，似乎不说就憋闷、说了才顿觉畅快淋漓。这时，他就不是为写而写，更不是为凑足评职称规定的篇数，不得不绞尽脑汁，甚至无奈到“剪刀加糨糊”（姑且不说“剽窃”）的地步，而是从诗意般的教育生涯中涌出的清新、灵动、澄澈的思想和感受。此时，是否发表获奖已无关紧要，因为它已成为一种生活内容和方式，成为一种价值实现，一种精神上的满足和享受。

（原载《江苏教育研究》2004 年第 5 期）

教学创意与教师职业自觉

马克斯·范梅南有一句名言："教学就是'即席创作'。"① 我想，这里的"教学"不是指我们惯常所理解的一般意义上的"教学"，也就是说，不是指那种程式化的、可重复的，以应付考试为目的的授受式教学，而是指一种身心自由的、不可重复的，以师生共同成长为主旨的互动式教学。在这样的教学过程中，总是充满了"教学创意"。

所谓"教学创意"，主要是指具有独创性的教学设计或临场发挥。我觉得，其基本特征有两条。一、教学创意是可以感知的教学行为。无论是宏观的教学风格和特色，还是中观的程序设计和方法运用，或者是微观的临场发挥和机智，尽管都反映了教师个人的教育理念和思想，但最终都必须外在化，必须在具体的实践行为中凸现出来，让人看得见摸得着。二、教学创意是没有定规的独特表现。它没有规律性，没有周期性，是个人智慧在特定情境下的自然迸发，它与一个教

① 马克斯·范梅南著，李树英译：《教学机智——教育智慧的意蕴》，教育科学出版社 2001 年版，第 209 页。

师的思维品质、心理状态、生活质量密切相关，它是教师职业素养累积而成的“势能”（一个物理学术语）的瞬间释放。

一、“机智表现为临场的天赋”——马克斯·范梅南

课堂的魅力在于创意——即席创作。富有创意的教学是鲜活的、有生命力的教学，没有创意的教学与枯燥的宗教训诫无异。

什么是“即席创作”？马克斯·范梅南还有一句话：“机智表现为临场的天赋。”他自己引述了一个案例：

> 暑假过后学校又开学了。十年级的同学们集中在自己的教室里，老师在黑板上写说明。教室里有点紧张，有点“第一天”的焦虑感。拉里向他的老师提了一个问题：“‘occuring’这个单词是不是有两个‘r’？”他指着黑板上的字问。老师有那么一会儿看起来有点困惑，然后说：“你是对的。”接着她狡黠地笑了笑说：“只是为了考察你们一下。”可是拉里却不够宽容，“今年你准备教我们拼写吗？”就好像是说“你究竟是哪方面的语言教师？”然后他看起来有点为自己的傲慢感到吃惊。有几个小家伙已经开始窃笑了。然而，老师却安之若素地反击了：“噢，我本想把这个秘密保守得稍微长点，但现在只好坦白了：我并不完美！但这肯定不能阻止我期望你们所有的人完美无缺。”
>
> ——马克斯·范梅南著，李树英译：《教学机智——教育智慧的意蕴》，教育科学出版社2001年版，第263页

这一段师生之间善意的、幽默的对话肯定不是课前的预设，甚至可以说是始料不及的，但教师却能“安之若素”，从容应对。为什么？

因为这位教师具有“临场的天赋”，面对课堂上所发生的“意外”，能迅速转换成教学资源，非但没有中断或偏离教学进程，反而巧借机缘，让课堂显得格外新鲜和精彩，“即席创作”大概就是就此而言。

教学创意需要“临场的天赋”，即席创作中的创意往往是现场生成、无法预设，那我们是否就可以“守株待兔”，坐等“创意”呢？不。教学创意作为实践行为的既成样式本身是无法预设的，但教学过程作为教师的一种有目的、有计划的自觉实践行为则不能没有预设，相反，要想有真正好的创意，必须有更高水平的预设。但预设不等于设定，更不等于限定，因为尚未完成的教学没有必然，只有可能。信奉必然，早早设定，只能作茧自缚，亦步亦趋；信奉可能，虚怀若谷，才能为自己提供一个广阔的实践场域和创造空间。

英国伯明翰地区科尔摩罗小学的艺术合作者圣伊莱斯·汉格斯为六年级学生设计了一堂兴趣盎然的作文课，具体的组织情况如下：

在上课之前，圣伊莱斯·汉格斯准备了一件外套。外套的风格和样式可以根据教学的具体内容设计，比如，可以在外套上装上几个口袋，然后在口袋里装一个皮夹或者钱包，钱包里可以有诸如照片、会员卡、各种票据。此外，也要考虑外套的样式和用途，比如这件外套是新的还是旧的？是用来参加某个特殊活动的还是生意场上穿的？

上课后，圣伊莱斯·汉格斯带着他准备好的外套走进了教室，然后向全班学生展示了外套，并且告诉学生，这节课要写一篇关于外套主人的作文，要求学生尽其所能去搜寻各种线索。

通过观察，学生们在头脑中慢慢形成外套主人的基本轮廓，比如性别、年龄、身高、体重、可能从事的职业、已婚、未婚，然后逐步增加诸如业余爱好、兴趣、近期活动、个性、生活方式之类的信息。

在观察过程中，圣伊莱斯·汉格斯还让学生轮流检查衣服的口袋，讨论他们发现的东西，鼓励学生合乎逻辑地想象，把在口袋里发现的东西和对主人身份、爱好等特征的猜测联系起来。

当然，每件东西都可以用多种方法来解释，没有正确或错误答案之分。

在上课过程中，为了加强作文情境的真实性，圣伊莱斯·汉格斯还设计了这样一个活动：警告他们不要靠近以前在学校操场上看到过的那个穿黑色皮夹克的人。十分钟后，另一个班的学生拿来一件在操场上“发现”的皮夹克。

过了很长时间，学生们才意识到这是一次活动，之前他们都在全神贯注地写作文。

汉格斯先生要求学生在写完作文之后，按照他们自己的想法给外套的主人画一幅肖像。

——杨桂青主编：《英美精彩课堂》，教育科学出版社 2005 年版，第 211～212 页

这是一节让人耳目一新的作文课。很明显，圣伊莱斯·汉格斯事前做了精心的预设，但这种预设恰恰给自己留下了无穷的变式空间，故而能够开合有致、游刃有余。不过更要知道，这种富于创意的预设是以自己的实践经验为基础的，倘若没有自己丰富的实践经验，这种预设即便再充分、再精心，充其量也只是教师的主观“意图”而已。只有立足于自己以往的实践经验，并且面向课堂，全身心地投入实践，才会有大量的、无法预见的创意生成。可以说，反映在这节课上的创意是整体性的，是贯穿始终的，是在课堂教学实践中师生共同构

建的，是与整个教学进程融为一体的，因而也是无法从教学过程中分解或剥离的。在这种富有创意的教学中，“教师不仅仅是向学生传授知识，他实际上是以一种个人的方式体现了他所教授的知识。从某种意义上说，老师就是他所教授的知识”①。按照马克斯·范梅南的说法，这种教学已经不是“传授”，而是“以一种个人的方式体现”知识，甚至教师本身“就是”知识本身。我的理解，这种教学已经将教学内容与教师自身的认知结构融为一体，甚至与教师的生命融为一体，成为教师的一种生存方式，它既深深地打上了教师自己的职业生涯的印记，又同时成为教师生命价值和意义的充盈和延续。因此，说到“教学创意”，我们决不能产生一种误解，似乎“创意”就是标新立异、制造热闹。其实，教学创意是一个非常严肃的命题，来不得半点轻佻和虚浮。“水之积也不厚，则其负大舟也无力；风之积也不厚，则其负大翼也无力”，没有丰厚的知识储备和长期的经验积累垫底，不在学养和能力上下工夫，只想在形式或技巧上“玩”创意，那是无济于事、甚至会事与愿违的。

二、“终生都在备这节课”——苏霍姆林斯基

面对李吉林、于漪、魏书生、李镇西、窦桂梅、薛瑞萍……这众多著名中小学语文教育专家，面对他们创意不断、出神入化、让许多教师为之倾倒的精彩课堂，我们往往总有一种望尘莫及的感觉。行政部门出于良好的愿望，也曾经先后着力推广过，比如推广李吉林、魏书生，虽说也有效果，但似乎没有能“复制”出多少李吉林、魏书生

① 马克斯·范梅南著，李树英译：《教学机智——教育智慧的意蕴》，教育科学出版社 2001 年版，第 104 页。

第二。原因何在？有人认为，是因为这些教师的成果“大都带有浓厚的经验性及个别色彩，缺少理论深度，尤其是没有达到哲学层次上的概括，而且不成体系，其形态有点与中国文化相似：有大量的真知灼见，可缺少理论升华和创造”①。所以无法大面积推广。原因是不是真的如此？我说不清，但至少李镇西自己不这样认为，他说：“任何一个杰出的教育专家或优秀教师，其教育模式、风格乃至具体的方法技巧都深深地打着他的个性烙印。也就是说，不同的生活阅历、智力类型、知识结构、性格气质、兴趣爱好以及所处的环境文化、所面对的学生实际等因素，决定了任何一个教育专家都是唯一的、不可重复的。”② 这恐怕道出了教育艺术的真谛。打个最常见的比方，如果说我们所能见到的优秀教师的教学创意是一座水上冰山，那必定有我们所无法见到的水下的巨大山体。

著名教育家苏霍姆林斯基在《给教师的建议》中有一个为很多人所熟知的案例：

一位有30年教龄的历史教师上了一节公开课，课题是《苏联青年的道德理想》。区培训班的学员、区教育局视导员都来听课。课上得非常出色。听课的教师们和视导员本来打算在课堂进行中间写点记录，以便课后提些意见的，可是他们听得入了神，竟连做记录也忘记了。他们坐在那里，屏息静气地听，完全被讲课吸引住了，就跟自己也变成了学生一样。

课后，邻校的一位教师对这位历史教师说：“是的，您把自己的

① 夏友杰：《要全面分析语文教学存在的问题》，《人民教育》1999年第3期。

② 李镇西著：《从批判走向建设》，四川少年儿童出版社1999年版，第248～249页。

全部心血都倾注给自己的学生了。您的每一句话都具有极大的感染力。不过，我想请教您：您花了多少时间来备这节课？不止一个小时吧？”

那位历史教师说：“对这节课，我准备了一辈子。而且，总的来说，对每一节课我都是用终生的时间来备课的。不过，对这个课题的直接准备，或者说现场准备，只用了大约15分钟。”

这段答话启开了一个窗口，使人窥见了教育技巧的一些奥秘……他们从来不抱怨没有空闲时间。他们中间的每一个人，谈到自己的每一节课，都会说是终生都在备这节课的。

——苏霍姆林斯基著，杜殿坤编译：《给教师的建议》，教育科学出版社1984年版，第7页

这一案例中让我们许多普通教师可望而不可即的是，“对这个课题的直接准备，或者说现场准备，只用了大约15分钟”，课堂就能引人入胜。可以说，这15分钟是教师调动所有的经验积蓄，实现思维质的飞跃的15分钟，是顿悟和灵感不期而遇的15分钟，是创造精神恣意流泻的15分钟，这真如一枝红杏灿然出墙，让人满目生辉！我们每个人何尝不希望都能如此？但同时请记住：“对这节课，我准备了一辈子……对每一节课我都是用终生的时间来备课的。”从终生都在备这一节课，到每一节课都用终生的时间来准备，这是一种很高的要求，也是一种很高的境界，惟其如此，我们才能“让课堂焕发出生命的光彩”。

三、“奇迹应该出自信仰”——别尔嘉耶夫

教学创意离不开实践，但教学实践并不能必然地产生“创意”，为什么？因为教师参与教学的状态是有差别的，有人一旦进入课堂就处于一种全身心投入的亢奋状态，有人则整天都处于一种消极应付的疲倦状态。

应试教育是目标至上的。回顾以往的教学，不管是对教师的专业培训，还是平时对教师的业绩考核，课堂教学的首要因素就是教学目的是否明确。所以，几十年来教师的备课笔记中，教学目标是必不可少的内容。记得几年之前，还倡导过一种“目标教学法”，每堂课都必须明确地标示出知识目标、能力目标、情感目标之类，最后以“目标达成度”来衡量课堂教学的优劣成败，这是很值得商榷的。按照杜威的说法，在教学实践的过程中，很难有什么预先设定的目标。杜威说：“从外面强加给活动的目的，是固定的，呆板的；这种目的不能在特定的情境下激发智慧，不过是从外面发出的做这样那样事情的命令。这种目的……使教师和学生的工作都变成机械的、奴隶性的工作。”[①] 当然，这并不意味着教学不要目标，而是说目标应当渗透在教学内容中，应当体现在教学过程中，不应有脱离教学内容和教学过程的外在目标或者附加目标，更不能人为地分割得支离破碎，然后再机械地“对号入座”。而更令人痛心的是，延续多年、至今阴魂不散的应试教育，最终都是以考试升学为主要目标，考分和升学率无可争议地“说明”一切，在这种外在的、形式化的所谓“目标”的逼迫

---

① 杜威著，王承绪译：《民主主义与教育》，人民教育出版社2001年版，第122页。

下，许多教师或者身不由己地，或者无可奈何地陷入了“机械的、奴隶性的工作”，哪还有什么“创意”可言？

应试教育下的课堂教学不但泯灭了学生的创造活力，而且也戕害了教师自身。在应试教育的钳制之下，教学只能被异化成一种驯化的过程与手段，学生只能被异化成以考卷为标准的批量产品，教师最有效、也最无奈的办法就是不断重复、不断强化，这种缺乏新意的重复劳动只能导致教师的职业倦怠。在现实社会中，像这样的教师实在不在少数。但我们能不能一味责怪他们呢？不能。在数以千万计的教师队伍中，其实原本并不缺乏具有高尚品德和情操的，有能力、有才华的优秀教师，可一旦置身于应试教育的强势话语体系中，往往总是马上失语、屈服，身不由己地附和时势、堕入平庸。即便有一些佼佼者，比如许多教学能手标兵之类，其实有些也是放弃自我、委身强势、转换角色，成为一台社会和行政认可的精良的应试机器而已。潘新和教授曾经尖锐地指出：“老师们几乎是一个模子里倒出来的，被‘大纲’‘标准化’‘教参’‘统一考试’打磨成同一型号的教学机器。他们的智商大多浪费在辨别什么对于考试‘有用’、如何制造应试机器上面，而对‘无用’的不屑一顾，对‘无用之用’不是大惑不解，就是嗤之以鼻。我听说我的学生自从当了老师后就不看理论著作、不读专业书籍，甚至不看文学作品，对写作毫无兴趣，已不会感到惊讶……他们先是被无端坑害，后来‘媳妇熬成婆’。”[①] 要知道，当学校和教育成为各级政府的形象工程，受到超乎寻常的“关心”和“重视”之后，教师的隐喻只能是“工具”——以博取升学率为标志，为政府官员的“政绩”添加砝码。所以，现在无论在社会公众的观念

---

① 潘新和：《语文教学的非工具论思考》，《粤海风》网络版，2003年第3期。

中，还是在教育本身的体制上（比如编制紧、负担重、拖欠工资、统考排名次、末位淘汰等），教师，尤其是小学教师，都被视作一种简单劳动者，潜意识中是不承认他们（这里是就整体而言）的创造性、独特性和学术性的。不信请看某教育杂志所如实披露的一所农村中学的教育“奇迹”何以能发生：

学校，不养闲人，除了校长，人人代课；在校没有闲时，老师连聊一会儿天的时间也抽不出来，走路都是一溜小跑。按已有20年教龄的××老师说的话，工作一天回到家，连讲话的力气都掏完了，每个人仿佛都上紧了发条，围着学生围着教学转，不停地转啊转啊，转到太阳下了山冈，转到学生上完晚自习回到宿舍……

试想，长期身处这样的环境，处在“没有闲时”的高度紧张状态，整天连轴“转”的机械重复劳动，必然会钝化职业敏感，导致职业倦怠。当教师连讲话的力气都被“掏”空了之后，能有对问题的惊奇和对成就的惊喜吗？能保证他们以充沛的精力和饱满的热情投入每天的工作吗？

当然，整体上的“职业倦怠”并不是说，教师已经无可挽回地集体沉沦。教育原本是唤醒人格和开启心智的，这种唤醒和开启当然包括教育者本身在内。应试教育的沉重压力和政府部门的过度控制，只是压抑了教师的创造精神，紧缩了教师的创造空间，但无法根除教师的创造潜能和进取意识。事实上，绝大多数教师还是有着强烈的进取欲望，并且尽可能地与环境与体制抗争，努力拓展自主空间，谋求制度保证。有一句很有代表性的语言：“戴着镣铐跳舞。”可以说形象地反映了当前许多教师的现实状态。这就提出了一个问题，如何才能让教师内在的创造潜能高度激活？如何才能让教师的职业生涯焕发出光彩？

赫舍尔曾说："做人是一种行动，而不是一个物。它的主要特征是如何对待存在，而不是存在。"什么叫"对待存在"呢？他说："做人就是存在的人化（humanization of being）……存在是无名的，它沉默不语。人化是把存在中所固有的意义表达了出来。""做人就意味着处在旅途中，意味着奋斗、等待、盼望。"[①] 作为教师，我理解，这里的"人化"既是对自身作为一个人的超越性的确认，又是对作为"教师"这个对象性职业的意义的确认。比如特级教师周益民，当他"一口气读完了李庆明的《儿童村》，心中久久难以平静"，他说："从他的'儿童村'中，我找到了曾久觅未果的教育的桃花源，我甚至起了一种冲动：让我也去他的海永（上海崇明岛上的一所普通小学——笔者注）儿童村吧，只为了拾起一个梦想。海永是李老师的情人，语文是我心灵的寄托。李老师心怀教育的乌托邦，那我也就将语文赋予梦想。"[②] 这在有些人看来或许有些浪漫，但与那些带着灰色心理浑浑噩噩地生活在学校、带着一脸麻木和疲倦了无兴味地消磨课堂的人相比，显然周益民是一个难得的职业觉醒者。职业觉醒不是利益的计算，而是意义的澄明；不是遵从某种指示，而是源自心中的信仰，因为"奇迹应该出自信仰，而非信仰出自奇迹"（别尔嘉耶夫）。

信仰是一个人最根本的价值取向和生活态度，是造就一个人最基本、最稳定的性格特征的核心因素，有了坚定的信仰，就能具备积极的心理状态，不断生发出生命活力和创造精神。当代著名成功学家拿破仑·希尔在其《创富学》中总结出成功学的十七条"黄金定律"，第一条便是"积极的心理状态"（Positive Mental Attitude，缩写为

---

① 赫舍尔著，隗仁莲译：《人是谁》，贵州人民出版社 1994 年版，第 87、38 页。

② 周益民著：《步入诗意的丛林》，长春出版社 2005 年版，第 257～258 页。

PMA），认为成功者总是运用 PMA 这一黄金定律去支配自己的人生，这是很有道理的。作为教师，要能自觉地、积极地投身教学实践，就必须有坚定的教育信仰。比如梁启超，他是近代中国屈指可数的名教授之一。据说曾有人问他信仰什么主义，他说信仰的是“趣味主义”；有人问他的人生观拿什么做根底，他说“拿趣味做根底”（当然这可能有点调侃的成分，但同时也反映了他那种乐观开朗的心态）。他曾坦言，自己所做的事，大都是失败，或者严格地说没有一件不失败，然而在他信奉的词汇里，没有悲观，也没有厌世，所以总是一边失败，一边起灶。他说因为自己不仅能从成功里获得乐趣，更能从失败中获得乐趣，故而做起事来总是津津有味、兴会淋漓，生活也就总是有滋有味。

当然，总的来说，我国教育有诸多不尽如人意之处，教师还缺乏自主发展的广阔空间，故而也少有真正的教育家问世。但时代和体制有时也还是提供了一些相对适宜的气候和土壤，许多不甘平庸、敢为人先者，像上世纪五六十年代的斯霞、霍懋征，八九十年代的李吉林、魏书生、于漪、钱梦龙，本世纪初的李镇西、窦桂梅、薛瑞萍……的脱颖而出就是明证。尽管相对于全国几千万教师而言，他们毕竟是凤毛麟角，在某种意义上可以说，他们的出现是带有一定的偶然性的。但偶然中包含必然，解读他们的成长轨迹，有一点是非常突出的，就是他们总是保持一种职业敏感，对教育实践保持一种高度的投入状态和深刻的焦虑状态。他们当初也许没有刻意追求什么，但也没有轻易拒绝什么，他们对教育怀有一腔虔诚，忠诚人民教育事业的信念为他们的生命注入了丰富的教育内涵，丰富的教育内涵让他们的职业生涯熠熠生辉。我们常说“实践出真知”，从几代教师的杰出代表身上，我们可以领悟到，其实，能够不断萌生“创意”、产生“真知”

的教学实践，绝非对行政指令的机械执行和应答，也非对传统模式的一味顺从和依附，而只能是基于自身信仰的觉醒的、自主的教学实践。

（原载《江苏教育研究》2007 年第 1 期）

意义关注与教师智慧人生

英国物理化学家和思想家波兰尼认为，人类的意识总的来说可以分为“焦点意识”（focal awareness）和“附属意识”（subsidiary awareness）两种类型。他以“楔钉”为例：

当我们落下锤子的时候，我们并不去感觉锤把紧贴我们的手掌，而是去感觉锤头敲击着钉子……我（们）对于我（们）手掌的感觉有一种附属意识，它被统合到我（们）对于敲击钉子的焦点意识之中。

——参见石中英著：《知识转型与教育改革》，教育科学出版社 2001 年版，第 225 页

波兰尼关于焦点意识和附属意识的论述，揭示了人类意识或注意力的分配现象。也就是说，一旦我们将意识或注意力集中于某些事物，那么我们对于其他相关事物的意识或注意就处于一种“附属”状态，事后回想起来感觉似乎意识到又似乎没有意识到它们。

借用波兰尼的这一理论，我们看到，无论是有意还是无意，无论是短暂的瞬间还是较长的一个时期，教师总会有自己的“焦点意识”，即把自己的注意力相对集中到某个目标或某个问题，我们暂且称之为“关注”，而其他的东西则相应地被忽视或被漠视。

一、关注—意义关注

关注与一般的注意不同。关注不仅有对某一对象或某一领域的注视，还有对自身处于某种关系或境遇中的诸多困惑，更有改变这种关系和境遇的内在诉求。此前有学者已经注意到，教师的成长与教师的“关注”有关，并据此列出了教师关注的五个阶段：

1. “非关注”阶段——进入正式教师教育之前的阶段。

2. “虚拟关注”阶段——主要是指师范生在师范学习阶段。

3. “生存关注”阶段——初任教师阶段。

4. “任务关注”阶段——教师专业结构诸方面稳定、持续发展的时期。

5. “自我更新关注”阶段——不再受外部评价或职业升迁的牵制，直接以专业发展为指向。

以上五个阶段的划分，基本上是以教师职业生涯的时间先后为依据，这种阶段性的划分作为一种整体性的描述，或许带有一定的普遍性和规律性，但似乎总给人一种达尔文进化论的味道。而且，“非关注”应当与“关注”对举，将“非关注”列入“关注”阶段之一，逻辑上好像也有点不对。从教师的实际状况来看，教师教学水平的高低、专业发展的快慢，乃至具体反映在课堂中教学创意生发的频率和质量，往往是因人而异的，是非常个性化的，并不会每个人都随年龄的增长自然而然地呈现出逐级升高的态势，有的教师（如斯霞、李吉林）职业起点并不太高，却用心专一，所以能独领中国中小学教育风骚几十年；有的教师早期发展还不错，可而后要么满足于自我陶醉、重复着自己的初始模式，要么心力旁逸、目标游离，结果“未老先衰”，过早地呈现出下滑趋势，不得不从教坛黯然退出。

因此，我们不妨从另一个角度——层次性划分——来研究教师的“关注”。

我认为，教师的“关注”在更大的程度上具有质性、也就是层次上的区别。

1. 功利性关注，或称之为“利益关注”。教师，作为一种社会职业，获取相应的报酬、养家糊口、改善生活待遇、满足自己正当的物质愿望，这是毋庸置疑的，也是无可厚非的；得到相应的褒奖、谋取一定的社会地位、获得一些荣誉性的标志或称号，以显示自己的身份价值，这也是合情合法、可以理解的。然而，问题在于，有的人对这些“关注”得太久、太过分，用我的说法叫“算计人生”。现实生活中有的教师，对工资改革的历史沿革，对自己工资变化的时间和金额，乃至对周围同事的工资多少，全都了如指掌。这样的教师弄不好还会另生“创意”——创收的主意，比如有偿家教啦，以教谋私啦等，其结果必然会忽视自己的专业发展，课堂教学也就只能在低水平徘徊，很难得到长足的发展。

2. 成效性关注，或称之为“技术关注”。教师教学，既是一种操作，也是一种创作；既包含技术因素，也包含艺术因素。所以，同样的教材，同样的要求，同样的环境，只因是不同的人执教，其效果往往就相差悬殊，所谓“戏法人人会做，各有巧妙不同”。有一些优秀教师，并非天生优秀，但始终关注自己的教学成效（包括单位教学时间的效率和通过考试检测反映出来的绩效），靠“笨鸟先飞”，靠勤奋刻苦，不断地学习总结，不断地改进完善，于是也就不断地“改变人生”。这样的教师在当前教师队伍中所占比例较大。对于这些教师而言，即便没有什么显赫的地位和闪光的称号，但技艺娴熟，绩效稳定，深受学校和社会欢迎，他们的课堂虽算不上精彩，但很实用，有实效。

3. 超越性关注，或称之为“意义关注”。这是一种哲学层面的关注，是一种终极性的关注。在这一层面，无论多么优厚的待遇、多么熟练的技巧、多么骄人的业绩，都觉得无足轻重，既不沾沾自喜，也不盛气凌人，因为他有更本真的问题、更深刻的“焦虑”——意义！可以说，“意义关注”是最深刻、最持久、最稳定的关注，进入意义关注，也就等于进入了智慧境界，真正意义上的“创意”也就会应运而生，这样的教师进入课堂就能纵横捭阖、出神入化，置身教坛就是“享受人生”了。

三个层次的关注并非彼此排斥、互不相容，这就好比马斯洛的需要层级理论。我们说，高层次的关注并不是完全排斥或企图取消低层次的关注，因为后者恰恰是前者的物质基础和必要前提，即便是具有高度意义关注的教师，不等于就不能关注物质待遇和荣誉奖赏；但教师又需要有高层次的关注来制约和引领低层次的关注，因为“人如果放弃对意义的焦虑，他就不再成其为人”[①]。可以说，只有意义关注才能统摄教师的人生，让自己坚定地行走在通往教育理想的职业道路上。

三个层面的关注与经验和经历有一定的关系，但与年龄不完全成正比（尽管有人随着年龄的增长和认识的提高，也能够不断攀升），

① 赫舍尔著，隗仁莲译：《人是谁》，贵州人民出版社 1994 年版，第 65 页。

主要取决于教师自身的思想境界和价值定位。这就告诉我们，为什么有的教师终其一生，碌碌无为，甚至始终迷恋于蝇头小利、蜗角虚名，早早地被教育大势所遗弃，而有的教师能与时俱进，屡有建树，终成大器，乃至成为教育教学的专家，更有不少年轻教师奋发努力，很早就脱颖而出，达到很高的艺术境界，牢牢地跻身优秀行列。关注不同、追求各异使然！

二、意义关注—智慧生存

有人也许会认为，意义关注很虚空，其实不然。赫舍尔说："人甚至在未认识到意义之前就同意义有牵连。他可能创造意义，也可能破坏意义；但他不能脱离意义而存在。人的存在要么获得意义，要么叛离意义。对意义的关注，即全部创造性活动的目的，不是自我输入的；它是人的存在的必然性。"① 这就告诉我们，意义是普遍存在的，它就在我们的日常生活中。对于教师来说，意义与教育现象和行为同在。教与学、教师与学生、课内与课外、理想与现实、本土与外来……所有这些，都是教师每天面临的实际问题，而这些问题之所以成为"问题"、甚至"难题"，就因为它们都牵涉到意义。

关注意义，就会对生活充满新鲜感，保持一种积极的生存状态。有学者认为，当社会发展到一定的程度，就必然会有一种"流行病"——工作倦怠，比如西方发达国家，上世纪七十年代就曾达到高峰。目前，从大的方面来说，我国正处于社会转型期，不确定性的因素越来越多，因而正受到工作倦怠现象的袭扰；从教育本身来看，素质教育的深化、课程改革的推进，也都带来了思想观念和行为方式的

① 赫舍尔著，隗仁莲译：《人是谁》，贵州人民出版社 1994 年版，第 47 页。

急剧变化，因而，也必然和整个社会一样，进入“工作倦怠”的高峰期。工作倦怠又称“职业枯竭”，主要包括三个指标：(1) 情绪衰竭——情感麻木，对工作缺乏冲动，有紧张感，甚至害怕工作；(2) 玩世不恭——对自己工作的意义表示怀疑，对现实有厌倦感、逃避感，对自身工作以及与工作相关的人员态度轻慢、冷漠；(3) 成就感低落——对自己持有负面评价，悲观，消极，甚至想尽早终结自己的职业生涯。据《扬子晚报》2004 年 12 月 7 日援引《中国青年报》的消息，2004 年，中国人力资源开发网完成了一项关于中国“工作倦怠指数”的大型调查，在“工作倦怠”三个指标中，玩世不恭，也就是对自己工作的意义表示怀疑，因而工作不热心不投入的竟占被调查者的 45.2%，高居三个指标之首。

关注意义，才会让教师从适应性生存走向智慧型生存，从而不断焕发出新的生命活力；关注意义，才会让教师从对职业的“熟悉”走向“陌生”，从而激发起教师的“惊异”。格利涅 (Greene) 在《教师是陌生人》一书中有贴切的描述：“从陌生人的观点来看每一天的现实世界，是以探究、惊奇的眼光来看待所生活的世界。就像从居住很久的他乡回到家一样，返乡者会注意到环境中他以前从未注意到的细节与类型，他发现他必须思考本地的仪式与习俗，好让其再次产生意义，他必须有意识地进行探究。”[①] 像前苏联著名教育家苏霍姆林斯基，从 17 岁开始当小学教师，29 岁担任帕夫雷什中学校长，直到 52 岁逝世，始终生活在乡村，始终没有离开学校，但他一刻也没有中断对教育意义的追问，故而几乎每天都有新的发现，每天都有新的思考

① 转引自姜勇：《从“作品”到“文本”：论教师研究的叙事转向》，人大复印报刊资料《教育学》2006 年第 3 期。

和行动，留下了几十年闪光的脚印，使他的教育实践和教育思想饮誉世界。

我国著名情境教育专家、特级教师李吉林曾经这样回顾她投身情境教育的初始经历：

当时这种真切、热切、急切的心理状态，令我终日沉浸在教学工作的思考中，苦苦求索。路在脚下，究竟怎么走？在小学语文教学中，儿童发展究竟是个什么规律？当时就像孩子一样，一种强烈的求知欲使我的心平静不下来，渴望学到新的东西，努力突破传统的条条框框，为孩子挣脱束缚。

在1979年“五一”前夕，我出席南通市举行的劳模座谈会。我走进市少年宫二楼大厅，巧遇初中的外语教师蒋兆一先生。他喊我，我恭恭敬敬地跟他打招呼，也很自然地坐在他的旁边。我刚坐下，他就对我说：“李吉林呀，你那篇发展儿童智力的文章里介绍的训练语言的办法，我外语教学里也好用。”我一听开心得不得了，惊喜地说：“哦，是吗？”随即就反问他：“那么蒋老师，你外语里面，有没有什么方法我们汉语教学里可以用呢？”他稍稍思索了一下说：“现在有一种方法叫功能教学，还有一种叫情景教学。”我一听，连忙问：“两种方法，哪一种更适合我们呢？”

蒋老师思考了片刻说：“功能教学你可能不好用，情景教学可以试试。”我连忙问：“蒋老师，那你教教我，情景教学是怎么回事？我该怎么用？”

话说到这儿，劳模座谈会已经开始，我们的谈话必须中断，只能偶尔说两句悄悄话。蒋老师说：“你把最近一期《中小学外语教学》这本杂志拿来看，那里已经作了介绍。”

第二天，我就迫不及待地到市教研室把这本杂志借来了，坐在办公室里一口气把它读完。我看了之后，第一感觉就是：在外语里通过情景的创设，让孩子学习词汇，进行句式的训练，生动有趣，非常轻松。我想这办法挺好。而我们汉语教学在当时来讲是呆板而抽象的。于是我产生一个想法，自己向自己提出问题：能不能把外语的情景教学，移植到汉语的小学语文教学中来？

这个问题提出以后，我进一步想到它的可行性。我想到曾经读过的语言学：语言文字是一种工具，是人们交流思维、交流情感的工具。我想，外语和汉语既然都是工具，两者必有其共性……既然外语、汉语本质上是相同的，那么情景教学就不仅可以是外语教学的方法，同样也可以成为中国孩子学习母语的好方法。

当时我作了这样很初步的分析，用现在的话来讲，还算不上提出问题后的“理论假设”，只是非常粗浅的、不规范的，但是也至少做了些分析与思考。在那时的条件和我个人的局限下，只能这样“土法上马”了！但正是这种“土办法”让情景教学走进了中国小学语文的教学。

……

我真想不到，蒋兆一老师的这个信息，让我由此探索了二十多年。我自己也反思，对这一信息，我为什么能够一下子把它抓住了？那就是因为我一直在思考，一直在寻求一条有效途径，是孩子们喜闻乐见的，语言文字的学习是可以化难为易的。真没想到这一信息的把握，它竟然让我一步步在中国的大地上创建了情境教学——情景教育……在这里可以引用一句格言：“灵感属于有准备的大脑。”所谓“有准备”，那就是大脑处于一种渴求状态。

——李吉林著：《情境教育的诗篇》，高等教育出版社 2004 年版，第 16～19 页

“灵感属于有准备的大脑”——精辟之至！我觉得，李吉林所说的“大脑处于一种渴求状态”不单是对方法的关注，同时也是一种对意义的关注。二者合而为一，形成一种积极的生存状态——智慧生存的状态。

三、智慧生存—实践智慧

赫舍尔说：“人的存在的关键形式是人的生存。”“生存（living）是一种处境，其内容要比存在（being）的概念丰富得多。”[①]（着重点为作者所加）那么，人的生存的本质特征是什么呢？对此，兰德曼提出了“智慧的人”的概念，认为“智慧的人”与“发明的人”是同一个意思。他说：“创造性在今天被认为是最重要的人类的特质。……我们之所以无与伦比，不仅仅是因为我们具有一幅综合的、客观的世界图画，我们还能建造一个我们自己的世界，并产生出宗教、法律、艺术，简言之，产生出全部文化领域。”[②]

尽管兰德曼把“智慧”看作是当今人类的本质特征，但不等于每个作为个体的人都能先天地拥有智慧。前苏联诗人帕斯捷尔纳克在《日瓦格医生》里讲了一个故事：上帝最初给人、马、狗、猴 4 种动物分配寿命。人睡懒觉，迟到了，上帝把手里剩下的 25 年全部给了人。人很贪心，要多一点，上帝只好请人自己跟其他动物去商量。人

① 赫舍尔著，隗仁莲译：《人是谁》，贵州人民出版社 1994 年版，第 86、62 页。

② 兰德曼著，阎嘉译：《哲学人类学》，贵州人民出版社 2006 年版，第 132 页。

先央求马，马很善良，匀出自己的25年给人。人再找狗、猴子商量，狗和猴子也各匀给人25年，人终于有了百年寿命。从此以后，人的第一个25年过的是人的生活，第二个25年像马一样干活，第三个25年像狗一样乱叫，第四个25年则像猴子一样被人取笑。仔细想想，很多人不就是这样过一辈子吗？所以，蔡元培先生曾说："教育是帮助被教育的人，给他能发展自己的能力，完成他的人格，于人类文化上能尽一分子的责任；不是把被教育的人，造成一种特别器具，给抱有他种目的的人去应用的。"① 由此看来，教育也好，教学也好，不为别的，只为唤醒人的灵魂，启迪人的智慧，让人第一个25年活得更像人，而此后的每一个25年都始终是一个幸福的人、智慧的人、闪耀着人性光辉的大写的人。于是，我们要扪心自问：我们的教师意识到了这一点么？即便意识到，他们能做到这一点么？换句话说，要承担起这样的历史使命，教师自己首先必须是一个"智者"，教师自己的生存状态必须是一种智慧生存。

教育也好，教学也好，就其本质而言不是"概念"，而是"活动"。作为有形的、可见的实践活动"是一个变化的领域，而变化总是偶然的，其中不可避免地具有一种机遇的因素"②。所以，作为实践工作者的教师，其智慧既不是"学富五车、汗牛充栋"，也不是坐而论道、述而不作，而是"做"，是实践，是对千变万化的教育教学情景进行现场感知、辨析、领悟、选择、调整，努力使自己的实践行为向着预期的方向发展。这是一种凭直觉和经验，甚至凭潜意识"不假思索"地在瞬间决定怎么做的实践智慧。"实践智慧"原是亚里士

---

① 转引自肖川：《教育的理想与信念》，岳麓书社2002年版，第211页。

② 约翰·杜威著，傅统先译：《确定性的寻求》，上海人民出版社2004年版，第17页。

多德伦理学的一个极其重要的概念，指人选择对他自身好（善，有益）和规避对他自身坏（恶，无益）的理性品质和行为的能力，换句通俗的话说，就是人审时度势、趋利避害的能力。亚里士多德认为，人的灵魂中有三种东西：情感、能力和品质，所谓“品质”就是“人品”，好的人品就是选择行为的“中道”——有点近似于我们的“中庸之道”——既不要过度、也不能不足，努力处于不偏不倚的中间状态。比如，一个人如果什么都不怕，“过度”自信，就是莽撞；如果什么都怕，自信“不足”，则是怯懦；“中道”便是勇敢。易怒和麻木的中道是温和，挥霍和吝啬的中道是慷慨，献媚和傲慢的中道是友爱，狡诈与天真的中道是明智……“中道”的对象是那些在生活中不断变化的事情，我们能够、也必须对它不断地加以判断和选择，这种深思熟虑、保持“中道”的品质便是“德性”，也就是实践智慧。①

按照亚里士多德的说法，实践智慧是一种“品质”、一种“德性”，与理论知识是格格不入的。他认为，对于“中道”，理论知识是无能为力的，因为理论知识的对象是不变的东西，不变的东西我们只能认识它而不能对它有所作为，只有对不断变化着的事情才需要“德性”，需要实践智慧。尽管后人不再恪守亚里士多德关于智慧与知识分离的观点，但他将实践智慧首先看作是人的“品质”与“德性”，也就是首先是一种生存状态，依然有他的深刻意义。

衡量教师的生存状态是不是智慧生存状态，说法很多，但我觉得，很重要的一条是看他是否具有深刻的自我意识。所谓“自我意识”，就是如何看待自我——不是存在物的自我，而是精神价值的自

① 参见张志伟著：《西方哲学十五讲》，北京大学出版社 2004 年版，第 114～115 页。

我。在古代，教师是“传道、授业、解惑”者；在近代，教师是“人类灵魂的工程师”；在现代，教师是“教书育人的专业人员”。这些表述都不能算错，但共同的缺憾是全都只看到了教师功能性的一面，而没有或很少看到教师人性的一面——教师自己也是人，没有看到教师自身的生存状态在教育实践和教育过程中对学生的影响——这种影响尽管是潜在的，但却是深刻而久远的，某种意义上甚至可以说是第一位的。为什么？因为真正的教育应当面向人生，知识只关乎事物，智慧才关乎人生，所以教育是包含智慧之爱的，“教育本身就意味着：一棵树摇动另一棵树，一朵云推动另一朵云，一个灵魂唤醒另一个灵魂”①。试想，一个只懂得以教学谋生而没有意义追寻的教师，一个只有“蜡炬成灰”的自我悲悯而没有“成人之美”的幸福感的教师，一个完全沦为训练工具而没有智慧人生的教师，怎么能以智启智，有效地唤醒学生的灵魂？

关注自身实践，反思实践经验，挣脱工具性的镣铐，追寻意义的自明，这也许就能不断地生成实践智慧，并让自己的人生成为闪耀着创造光辉的智慧人生。

（原载《江苏教育研究》2007 年第 4 期）

① 杨东平编：《教育：我们有话要说》，中国社会科学出版社 1999 年版，第 156 页。

教师实践智慧与教学创意

教学永远是教育的核心话题，课堂占据了一个人学生生活的几乎所有时空。要真正让课堂教学具有魅力，让学生迷恋课堂、乐于学习，那就必须做到创意不断、精彩纷呈，相应地，也就要求教师具有一种娴熟的策应、调控、应急的高超技艺，尤其需要瞬间表现出来的敏感和机智。然而，这对许多教师来说，似乎是一种可望而不可即的至高境界。为此，有人曾问著名特级教师薛瑞萍，那种“瞬间知道该怎么做的临场智慧和才艺来自哪里”？薛说：“第一，一切行动服务于儿童发展的坚定信念；第二，实践中积累的经验；第三，实践中养成的近乎本能的反思习惯。是反思加反思，使我们的判断和临场反应越来越迅捷、恰当和充满自信。”① 借助这一答案，也许可以让我们进一步反思关于教师自身的实践智慧与教学创意。

---

① 薛瑞萍著：《心平气和一年级》，长春出版社 2005 年版，第 285 页。

一、经验——孕育智慧种子的丰饶沃土

不知道大家注意过没有，现在社会上有许多行为模式和言语方式会惊人地相似，比如课堂教学。不信你走遍全国，几乎所有教师的程序设置、方法运用、站位态势、举手投足、声腔语调都表现出惊人的一致。细细想来，现在的教师，在他们第一次走上讲坛时，到底是凭什么“指导”自己上课的？恐怕既不是师范院校教成的，也不是自己创造的，而是自己在学生时代有意无意从先辈教师的教学行为中仿袭得来的，而先辈教师呢？同样又是仿效先辈的先辈。由此看来，正是这种代代相传的东西早已在潜移默化中深深嵌入了许多教师的心智结构，日后再与教师自己的实践行为交会、融合，成为教师的经验与习惯，进而成为潜意识甚至下意识。可以断言，这种源于师道传承且已溶入教师血脉的经验和习惯，不但不以他人的意志为转移，甚至也不能以自己的意志为转移，从而成为每个教师潜在的、具有决定性作用的支配力量。

经验在德文中是 erlebnis，源于 erleben，leben 就是生活，erleben 的本意大概是生活着、正经历着。经验不是科学设计的行为模式，也不是对生活境遇镜子式的反映，而是作为个体的人在自身生活中反复经历某种场景或反复采用某种行为，久而久之便形成了一种快捷应对机制，当面对相同或相似的对象和境况时，不再经过大脑的缜密思考和审慎决断，便直接做出应对举措。许多优秀的医生、驾驶员、工艺大师的高超技艺足以说明这一点，由于长期的反复操作与经验积累，他们在处理复杂问题时似乎有一种直觉与本能，以致德莱弗

斯兄弟认为："本能与直觉是专家决策的核心内容。"① 可以说，一个人如果没有任何经验，那他非但无法生活，恐怕连生存都要打一个问号。

依我之见，经验可以分为前在的经验和当下的经验两种。所谓前在的经验，也可以叫做已有的经验，是指教师在以往的从业生涯中通过各种途径和方式积累起来的经验，它既包括他者的经验，也包括自身的经验；既包括直接经验，也包括间接经验。所谓当下的经验，是指教师本人从正在发生和进行着的教育活动中获取的经验，这种经验是现场的、属己的，一般没有间接的、他者的成分。对于前者，因为经过了自己自觉不自觉的加工整理，已经形成了某种结构体系和应对机制，所以教师主要是提取、应用，不断地验证其有效性，这样就使教师能与充满多样性、不确定性的教学场景之间保持动态平衡，保证其工作效率，时间长了，就形成了布迪厄所说的"惯习"。"它通过将过去的各种经验结合在一起的方法，每时每刻都作为各种知觉、评判和行动的母体发挥其作用，从而有可能完成无限复杂多样的任务。"② 对于后者，因为是当下发生的，是粗糙的、朦胧的、稍纵即逝的，往往不被当事者重视，所以很容易"流失"。其实这种当下的经验同样具有其独特的价值，只要我们及时加以筛选、提升、储存，就能引起前在经验的嬗变和重组，让经验保持一种开放性和发展性。

著名特级教师李镇西当年参加四川省语文教学大赛，所教课文是鲁迅的名篇《孔乙己》。他是这样导入新课的：

---

① 转引自柳夕浪：《回归本原的教师研究》，北京大学出版社 2005 年版，第 56 页。

② "惯习"是布迪厄的一个专门术语。按照布迪厄的说法，它是一种"结构型塑机制"，"通过将过去的各种经验结合在一起的方式，每时每刻都作为各种知觉、评判和行动的母体发挥其作用，从而有可能完成无限复杂多样的任务"。参见柳夕浪：《回归本原的教师研究》，北京大学出版社 2005 年版，第 54 页。

师：我们现在就来学习《孔乙己》这篇小说，看看它通过什么样的人物形象反映了一个什么样的社会本质。

（板书课题：《孔乙己》）

师：同学们刚才也上了一节公开课，学的是《最后一次讲演》。我坐在下面看你们上课时，突然感到《最后一次讲演》和我将要上的这篇《孔乙己》有着某种联系。什么联系呢？《最后一次讲演》是作为诗人的闻一多，在20世纪中叶，以自己的生命写成的最后一首壮美的诗。但这首诗不是一般意义上的抒情，它是向全中国人民发出的摧毁一个行将灭亡的旧中国的呐喊！而这声“呐喊”，是20世纪初鲁迅“呐喊”的延续。鲁迅为什么在20世纪初把他的第一本小说集取名叫《呐喊》呢？这也许是同学们想知道的，今天，我们通过学习《呐喊》中的《孔乙己》，通过对“孔乙己”这个人物形象的理解，也许会找到答案。

现在请同学们快速阅读一遍课文，把不懂的问题提出来，看谁的问题提得多。有了问题后，你可以举手，也可以写成纸条交给我。

（学生默读、思考、提问，教师随机解答）

……

李镇西为什么这样导入？请听听他自己的说明：

原来我设想的课堂导入是与学生聊课外读物（小说），进而引入小说“三要素”。但临到上课前，我发现学生第一堂课学的是闻一多的《最后一次讲演》，而且学生的情感已投入到闻一多讲演的凛然正气之中去了。于是，我决定利用学生已有的心理背景和情绪基础，以《最后一次讲演》与《孔乙己》的联系（都是“呐喊”）导入我的新课。于是，刚一上课，我就说："刚才同学们学了闻一多先生的《最后一次讲演》，作为诗人的闻一多，在20世纪中叶，以自己的生命写成一首壮美的诗。这首诗的主题便是，向人民发出摧毁一个行将灭亡的旧中国的呐喊！而这声呐喊，是20世纪初鲁迅'呐喊'的延续。"这样开头，学生一下子便进入了一种庄严境界。下课前，我在总结课文时，又再次呼应闻一多的"呐喊"："鲁迅先生正是通过孔乙己的命运写出了一个令人诅咒的社会，并发出了改造中国的第一声'呐喊'！这声呐喊，到了四十年代末，发展成为以闻一多《最后一次讲演》为代表的全民族的呐喊，一个崭新的中国由此诞生！"

——李镇西：《从批判走向建设——语文教育手记》，四川少年儿童出版社1999年版，第122～135页

毫无疑问，李镇西先前的设计肯定建立在他自己以往的教学经验之上，这样的设计可以说是最常见的，也是无可厚非的。我们许多教师平时备课，几乎全都是对前在的经验的整合和运用。但李镇西的高明之处即在于他能自觉地关注当下的经验（这里的"经验"作"生活着、正经历着"解），所以他能够在听课的刹那间找到《最后一次讲演》和《孔乙己》的内在联系——都是"呐喊"，能够抛弃原先的"精心"设计而临时变通，使得整堂课有了一个充满张力又充满魅力的开头。所以我们说，实践智慧不会"天上掉下个林妹妹"，只有在自身经验的丰饶沃土中，智慧的种子才能孕育生根、发芽生长。李镇西自己也说，他的书不是"写"出来的，而是"做"（实践）出来的。这充分说明，实践智慧是建立在经验的基础之上的，没有经验，连教学活动都无从进行，遑论智慧。

当然，说经验重要不等于说经验至上，更不是提倡经验主义。在珍惜和重视实践经验的时候，我们至少要明确三点：一、经验是整体的。因为经验来自于生活，生活是人与他周围整个世界的交往，世界是不可分割的，所以一个人的经验，往往就是一个结构，当人启动自己的策应机制时，往往是整个的经验结构整体策应。二、经验是包容的。经验不是纯科学的认识，但它包含科学知识，正是因为有了新认识、新知识的源源不断的供应，经验才能不断丰富和发展；经验不是纯理性思考，但经验又是包含理论和理念的，甚至与理论合而为一，正是因为有了理性的加盟，经验才能不断升华为智慧，而不致流入迂执。三、经验是开放的。这种开放，既包括时间维度上对历史、对未来的开放，也包括空间维度上对他者、对社会的开放，还包括在认知结构上对相关学科、对未知领域的开放。经验一旦走入排他或封闭，便会陷入僵化，僵化便导致智慧的枯竭。总而言之，经验只有保持它的统一性、包容性和开放性，才是鲜活的经验，鲜活的经验具有自我更新、自我完善的功能，它能使人的“前经验结构”永远处于解构、扩展、重建的过程之中。

二、阅读——滋润智慧花朵的雨露阳光

我们说，教学创意主要来自教师的实践智慧，而亚里士多德又认为知识和智慧互不相容，有人也许会作出一个错误的推断，以为知识学问可有可无，只要聪明灵巧就行。说老实话，这种说法或者想法，现在还是很有市场的，谁要真坚持静心读书，弄不好不是被讥为傻帽就是被视为奢侈。其实要知道，不管是显性知识和缄默知识，还是理性知识和实践知识，这都是我们为了解说的方便而人为地划分出来的，实质上两者是不可分割的。我们现在强调缄默知识和实践知识的

重要，并不意味着不要显性知识和理性知识，而只是因为我们过去过于看重后者，甚至把它置于独一无二的地位，忽视或者藐视了前者，进而导致了知识体系的畸形，影响了人的认识水平和实践能力。包括现在有学者说实践性知识是教师专业发展的知识基础，我觉得也是从一个特定的角度，即对于广大教师来说，其主要职能是课堂教学，课堂教学不同于理论研究，具有很强的实践性，只是从这个角度来说，实践性知识具有基础性的作用，丝毫也不意味着可以不要显性知识和理论知识，可以撇开学问和知识去另谋“智慧”。

学问（知识）和智慧是什么关系，我是没有资格说也说不清的，不妨听听前辈是怎么说的吧。原北京大学校长罗家伦说：“学问（Learning）与智慧（Wisdom）有显然的区别。学问是知识的聚集，是一种滋养人生的原料，而智慧却是陶冶这原料的熔炉。学问好比是铁，而智慧是炼钢的电火。学问是寸积铢累而来的，常是各有疆域独自为政的。它可吸收人生的兴趣，但是它本身却是人生的工具。智慧是一种透视，一种反想，一种远瞻；它是人生含蕴的一种放射性；它是从人性深处发出来的，同时它可以烛照人生的前途。”他还说过一段话：“学问固然不能离开智慧，同时智慧也不能离开学问。有学问的人虽然不一定就有智慧，正如有智慧的人不一定有很深的学问一样，但是智慧却必须以学问为基础，才靠得住。……无学问的智慧，只是浮光掠影，瞬起瞬灭的。它好像肥皂泡一样，尽管可以五光十色，但是一触即破。唯有从学问中产生出来的智慧，才不是浮光，而是探照灯，可以透过云层，照射到青空的境地。唯有从学问中锻炼出来的智慧，才不是幻灭的肥皂泡；它永远像珍珠泉的泉水一般，一串串不断地从水底上涌。也唯有这种有根底的智慧，才最靠得住，最为清澈，最为可贵。”[1] 这种从学问中“产生”和“锻炼”出来的智慧，大概正是当今教育和教师最为稀缺的东西吧。

有学问做“根底”的智慧如何像泉水一般“上涌”，不妨再看看前辈的风采。

梁启超曾先后在清华、南开、东南等大学执教，对于他的讲演，有几段回忆：

我最初听到他的讲演，是北京高师国文学会邀请，讲题是“清初五大师”，时间在民国十二年。他那时是51岁，蓝袍青褂，身材魁伟，有些秃顶，却是满面红光，眼睛奕奕有神。讲起来有许多手势表情，笑得很爽朗。他引书成段背诵，背不下去的时候，就以手敲前额，当当作响，忽然又接下去……他懒于写板书，他的广东官话对于我们很生疏，所讲的问题，事前又没有预备知识（这时我对于黄梨洲、王船山、顾亭林、李二曲、朱舜水等的书和传记全没有读过），所以两小时讲演的内容，听懂的实际不到六成……（梁容若：《梁任公先生印象记》）

先生的讲演，到紧张处，便成为表演。他真是手之舞之足之蹈之，有时掩面，有时顿足，有时狂笑，有时太息。听他讲到他最喜爱的《桃花扇》，讲到“高皇帝，在九天，不管……”那一段，他悲从中来，竟痛哭流涕而不能自已……（梁实秋：《记梁任公先生的一次演讲》）

他讲得认真吃力，渴了便喝一口水，掏出大块毛巾揩脸上的汗，不时地呼喊坐在前排的儿子：“思成，黑板擦擦！”梁思成便跳上台去把黑板擦干净。每次钟响，他讲不完，总要拖几分钟，然后他于掌声

---

① 转引自商友敬：《说几个被遗忘的人》，《教育参考》2006年10月号

雷动中大摇大摆地徐徐步出教室……（梁实秋：《记梁任公先生的一次演讲》）

——见陈平原著：《中国大学十讲》，复旦大学出版社 2002 年版，第 154～156 页

这几段回忆具有很强的现场感，我们虽然不知道梁启超到底讲了些什么，但完全可以想见，那种场面肯定是妙语连珠、声情并茂、创意不断、兴味盎然！为什么能够如此？梁先生本人学贯中西、著作等身，他是厚积而薄发呀！

再看章太炎。据任鸿隽回忆，避居日本东京时期的章太炎是这样讲学的：

先生手中不拿一本书，一张纸，端坐在日本的榻榻密（地席）上，一口气两三个钟头，亹亹而谈。这样大约讲了四个下午，把一部中国文学史讲完了。

——同见上书，第 179 页

另据任启圣在《章太炎先生晚年在苏州讲学始末》中描述：

先生不编讲义，不带参考书，惟凭口诵手写，不但《说文》《尔雅》背诵全文，即对《汉书》颜师古注，亦如数家珍。

——同见上书，第 180 页

因此，一个教师，如果真的想让自己的教学富有创意，首先就必须养成阅读的习惯，大量地读，深入地读，持久地读。比如薛瑞萍，她在总结自己的成功时好像没有讲读书，那是因为她已经把读书看作是不言而喻、无须赘述的事，其实她自己读鲁迅、读李泽厚、读苏霍姆林斯基、读洛克、读马克斯·范梅南……读得十分投入、十分仔细、十分通达。她曾说："对于我而言，读书是一种内在需要，也是为了保持一种上升的有活力的状态。"只因为5天没有读书，她便"心里空落落的，而且觉得有浮躁之气生"，正因为她读了一些"冷峻、深邃的'男性'作品"（南京师范大学博士王丽琴评注语），所以她立志"要除去于人生毫无意义的苦痛。要除去制造并玩赏别人苦痛的昏迷和强暴"①，这恐怕也是她成功的秘诀——严格说来不是秘诀，只是有人做不到而已——之一，否则她哪来那么多精彩？试想，连牛顿、爱因斯坦都说过他们是站在前人肩上之类的话，作为普通教师，我们还敢盲目自负、鄙薄经典、拒斥积累、轻言创新吗？

三、反思——催生智慧果实的思想产床

"创意"是个比较笼统的说法，其实是有高低深浅之分的。陶行知先生当年演讲，一开始就抱来一只大公鸡，大模大样地放在讲台上。只见他先用力捏住公鸡的头，硬是要它吃桌上的米，大公鸡拍打着翅膀乱叫乱蹦，拼命挣扎，哪里去吃什么米呢？接着，陶行知松开手，把公鸡放在桌上，让它自己随便走走，一会儿，它居然优哉游哉自己啄起桌子上的米来。陶先生以此说明，强迫人学习是不行的，只有在自由的状态下，自主地、自觉地学习才是有效的。因此，尽管他

① 薛瑞萍著：《心平气和一年级》，长春出版社2005年版，第6页。

把公鸡抱到了台上，人们非但不觉得俗，反而觉得很精彩。为什么？他有“创见”。所以，真正好的创意是建立在创见的基础上的，如果说创意是形式，那么创见便是它的内核，没有创见作内核，一味地追求形式上的创意，弄不好就会流入浮浅。有些教师只看到优秀教师课堂的精彩，看不到他们的“内功”，在课堂上简单模仿，弄些花拳绣腿，玩噱头，恶搞笑，热闹过后一无所得，甚至还落下笑柄。说一个题外的故事：当年张作霖在天津街头遛早，刚走到一个拐弯处，突然传来一声吆喝：“卖包子了——”张大帅吓了一跳，不禁暴怒：“给我抓起来，毙掉！”大帅亲自“执法”，拔出枪来，只听“砰”的一声枪响，那个卖包子的小贩一屁股瘫坐在地上。大帅很得意：“你吓我一跳，我也吓你一跳！”这好像也很新鲜，但是不是创意？不是！只是活脱脱一个军阀的骄横、暴戾。

人们也许会问，创见从哪里来？于是，我们就共同想到了波斯纳的一个成长公式：经验＋反思＝成长。

如前所述，经验是需要的，也是宝贵的。有研究人员发现，在有25名至40名学生的班上，教师与学生之间每日交往近1500次，不论他（她）是否胜任工作，每个教师在每个教室每一个学日的每一个小时都在作出大约20个与工作有关的重大决定，并根据这些决定采取行动。显然，如果没有经验，没有自动化的熟练教学技能，没有连贯一致的回应方式，每一个教学问题的处理都刻意盘算，苦心追求，教师将因时刻处于应急状态而手忙脚乱，身心疲惫。因此，教师不但需要经验，而且一定程度上还需要由经验积累而形成的“惯习”。然而问题在于，这种惯习固然保证了教师与充满多样复杂性、不确定性的教学场域之间取得持久的动态平衡和工作效率，但同时又容易养成教师的惰性。在现实中，不少教师“以不变应万变”，日复一日、年复一年地“重复着昨天的故事”，导致思想僵化、观念停滞、方法单调、课堂乏味，结果教师与学生一样视教学为畏途。[①]

所以，经验既是需要的、宝贵的，舍此我们将时刻茫然无措；但经验又是需要审视和批判的，否则我们就会像蒙上眼睛的磨驴毫无意义地兜圈子。即便是经验主义的代表人物洛克，尽管他认为一切知识都来源于经验，但他还是把经验分为对外的感觉和对内的反省，认为像知觉、思想、信仰、认识、意欲等，都只能通过对内的反省才能获得。黑格尔也说：“经过反思，最初在感觉、直观、表象中的内容，必有所改变，因此只有通过以反思作为中介的改变，对象的真实本性才可呈现于意识前面。”[②] 现在大家普遍认为，每一个优秀教师也许风格迥异、特色不同，但至少有一个特点是共同的，那就是他必须是一个积极的、有意识的、有反思能力的教师，否则他就难以持续稳定发展。因此，是否具有反思意识和研究能力就是工匠式教师和智慧型教师的分水岭。然而，教师的反思性研究，特别需要自己研究自己，把自己作为研究的对象，持续追问自己教学理念的根由和实践行为的依据，不断重构自己的思维模式和行为方式。有哲学家认为，在人们的思想活动中，有两个基本的思想的维度，一个是“构成思想”的思想维度，另一个则是“反思思想”的思想维度。但遗憾的是，过去我们很多人只知道前者，不知道后者，甚至还把“构成思想”作为思想的“唯一”维度。[③] 难怪现在有些“新秀”总是迫不及待地想搞出自己的一套体系，甚至还没有来得及浏览一下历史就宣称自己“创造”了什么什么，好像教育的堂奥真的就那么轻而易举地被他一览无余，

---

① 参见柳夕浪：《回归本原的教师研究》，北京大学出版社 2005 年版，第 55 页。

② 黑格尔著，贺麟译：《小逻辑》，商务印书馆 1994 年版，第 76 页。

③ 参见孙正聿著：《哲学修养十五讲》，北京大学出版社 2004 年版，第 237 页。

这实在有些不知天高地厚。还是黑格尔说得好，人们总是习惯于用关于世界的“表象”或某些流行的“概念”来解释世界，结果人们经常挂在嘴边的名词往往是人们最无知的东西。所以，只有通过反思——反过来而思之，对万事万物的根本前提和依据进行追问和质疑，“一直不停地对设定为不言自明的公理提出疑问，动摇人们的心理习惯、他们的行为方式；拆解熟悉的和被认可的事物，重新审查规则和制度，在此基础上重新问题化”[①]，我们才能“知之为知之，不知为不知”（《论语·为政第二》），成为一个真正的智者。

朱小蔓教授说：“教师反思过程实际上是使教师在整个教育教学活动中充分地体现双重角色：既是引导者又是评论家，既是教育者又是受教育者。因此，反思的本质是一种理解与实践之间的对话，是这两者之间的相互沟通的桥梁，又是理想自我与现实自我的心灵上的沟通。它是教师超越自己的思维能力，是一种创造能力在教育实践中的体现。”[②] 因此，教师的反思，主要应当从哲学层面展开，要努力使过去不自觉、无条件地规范着我们的价值观念、思维模式、认知结构等能有所动摇和改变，要力争通过自觉的、深刻的反思，在有限的教学时空中生成无限，在既定的教学规范中开掘鲜活，在惯常的授受关系中焕发精彩。这既是反思的潜在动因，也是反思的现实力量。也只有在这样的反思过程中，我们才能指望收获实践智慧的累累硕果。

马克斯·范梅南说：“教育的智慧和机智可以看作是教育学的本质和优秀性。我们不妨说智慧构成了教育学的内在方面，而机智则构

---

① 福柯语，转引自刘武俊：《解构中国语境中的律师角色》，《书屋》2003 年第 3 期。

② 朱小蔓著：《教育的问题与挑战——思想的回应》，南京师范大学出版社 2000 年版，第 337 页。

成了教育学的外在方面。”[①] 据此，我们对教师实践智慧和教学创意试图作这样的理解：教师实践智慧主要有两个来源，一是经过自身批判筛选而被吸收内化了的专业理论知识，一是通过总结反思而成为“前结构”的教育教学经验，两者汇聚激荡不断催生出教育智慧，并在实践中生成个性化的教学创意。教学创意作为实践智慧的外现形式，一方面可以反过来优化和活化教师原有的知识体系，另一方面也可以反过来拓展和重建自己（并可供他人借鉴）的经验结构，同时还能与实践智慧直接互通。根据以上理解，教学创意与教师实践智慧就不是一种单向度的、静止的对应关系，而是一个结构化的生态系统。套用一句古诗，如果教师实践智慧像“满园春色关不住”，那又何愁教学创意不会“一枝红杏出墙来”呢？

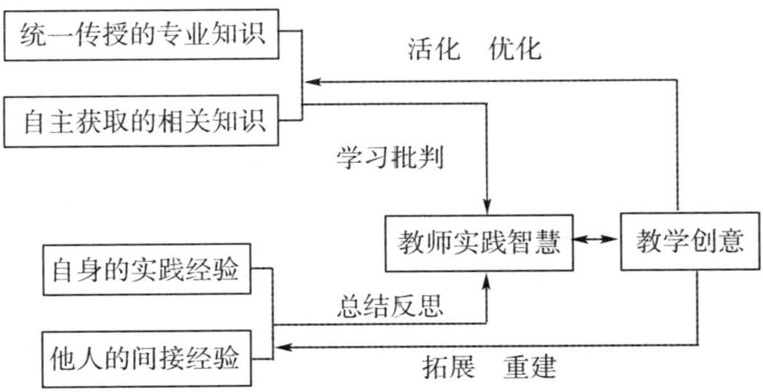

（原载《江苏教育研究》2007 年第 9 期）

① 马克斯·范梅南著，李树英译：《教学机智——教育智慧的意蕴》，教育科学出版社 2001 年版，第 172 页。

整合·守护·传播·生产

——当代教师的文化使命与建设

当今教育，学校文化是一个热门话题，而教师文化又是其中的核心，因为教师文化既是学校文化的生成基础，又是学校文化的集中体现。今天，无论是素质教育的深化，还是课程改革的推进，作为在多元文化背景下的教育创新活动，如果没有教师文化的支撑，说得严重一点，其结果都难逃失败的厄运。

"文化"源自古人所说的"人文以化成"。教师"文化"，既要"化成"教育对象，同时又要"化成"自身。因此，当代教师应当清醒地意识到自己的文化使命，从而自觉地担当起自身文化建设的任务。

一、作为文化整合者的教师文化建设

学校教育是一种"限定"的文化传承活动：一方面是有限的教学时空"限定"了教学内容的总量和范围；另一方面是特定的目的、要求"限定"了教学内容的性质和门类，这种"限定"决定了教育不应是程序化的操作，而应是艺术化的创作。换句话说，教育的目的性、系统性以及时空的有限性理所当然地要求教师对历史和当下的文化产品不断地进行有效的整合，舍此则无法进行教学。

什么是“文化整合”？一般说来，“所谓文化整合，是指各种不同的文化要素或型式相互适应、协调从而成为一个有机整体的过程”①。对于教师来说，恐怕更是一种辨析、取舍、重组、融通的过程。然而，在我国古代社会，历代统治阶级实行文化垄断，几乎所有的文化产品都被放入封建思想的“老窖”浸泡、发酵，酿成悠久绵长的以“儒学”命名的主流文化，再由封建专制制度包裹、密封，置于独尊的圣坛。教育面对这种“钦定”的文化，它唯一的使命就是维护此种文化的一统性和稳定性，进而保证社会政治制度的巩固和延续。一代又一代从教者的天职也就是小心翼翼地传授统治阶级认可的主流文化，不允许、也不敢“离经叛道”. 文化整合的职能也就自然日渐泯灭。时至今日，伴随国家改革开放和信息技术的迅猛发展，各种文化形式和产品，如山洪暴发一样裹挟而至，儒家传统也早从原先的封闭和独尊变为“赤裸”和“禅让”，学校再也不可能是传统文化的“专卖店”，而只能是多元文化的“超市”；教师也不能再是传统意义上的“传道授业解惑”者，而首先必须学会鉴别，学会选择，以一个文化整合者的身份进入职业领域。

文化整合的过程首先是一种批判性选择的过程。我们现在的许多教师，长期生活在官本位、大一统的社会中，批判精神不是先天不足，就是后天萎缩，现在，一下子面对五光十色的多元文化，犹如刘姥姥进了大观园，颇有些手足无措之感。此前素质教育搞了十多年，后来许多地方都慨叹“魂归故里”，接着课程改革借助行政全力推进，

① 郑金洲：《教育文化学》，人民教育出版社 2000 版，第 200 页。

几年下来又似乎前景不妙，一个很重要的原因就是教师的文化建设跟不上。审视现在的教师队伍，思想深处一直存在两大痼疾，一是依附——地位依附于文官等级制，身份依附于“工人阶级的一部分”，价值依附于荣誉和职称；二是迷信——习惯于躺在教材和参考资料上过日子、照本宣科，习惯于尊崇名人、服从权威、人云亦云，缺乏对文化资源的辨析、选择和统整能力。比如说流行甚广的说在宇宙飞船上能看到我国的万里长城，稍有常识就会怀疑，但我们多年来都是引以为荣，坚信不疑，并且不容置疑地迫使学生无条件接受，直到我国航天员杨利伟遨游太空归来后说看不到，我们这才不得不认错，可急于做的却又不是检讨我们的思想，而是迫不及待地要求改教材——自然只涉及有关宇宙飞船上看到长城的这一篇教材，依然跳不出“本本主义”，似乎只要教材改了就万事大吉。所以，处于多元文化背景之下，教师文化建设的一项重要任务就是强化批判意识，提高批判能力，打破迷信和盲从。

文化整合的过程又是一种本土化重建的过程。任何一所学校，都是在本土性文化的根基上诞生的，甚至就是地域文化的标志和窗口，传统文化早已深入学校的骨髓。从另一层意义上说，学校就是处于某种教育需求关系中的一群教育者和受教育者，其教师和学生的先天禀赋中都有地缘性因素，这就决定了学校绝不可能超越于民族、地域“遗世而独立”。学校的社会职能是培养人，但学校所培养的人绝不可能是无国籍的世界公民，学校不可能割断每个人血脉中流淌着的几千年积淀下来的民族传统和精神，靠简单地“引进”西方的文化基因来“克隆”师生的文化秉性。因此，面对蜂拥而至的西方文化潮流，教师不能只是“编花篮”，不能在西方文化的话语密林中东奔西突、“流连忘返”，而要学会“嫁接”“杂交”，努力对外来文化实行“转基因”，让它接“地气”，服“水土”。比如现在的课程改革，其主要理论依据是多元智能学说和建构主义理论，这两者都是舶来品，对于我国绝大多数基层教育工作者来说，恐怕都知之甚少（至少我本人是一知半解），更不知道将其“移植”到我们所在的学校和我们所实际从事的教育教学（这对教师来说是最要紧的），有哪些途径和方法，和我们传统的教育教学理论有哪些相通之处，各自要做哪些改进和变通……正因为此类“整合”工作没有做好（也许有些理论家做好了，但至少我们没做好），所以课程改革从一开始就似乎步履蹒跚，尽管借助行政，推进却并不顺畅。

文化整合有一个前提条件，那就是文化资源的充足和多样化。应该说，现在无论是对文化建设的认识还是实践，都处在历史最佳时期，文化资源越来越丰富，关键是教师要有进取意识，肯下工夫读书思考。我始终主张教师要养成购书、藏书、读书的习惯，而且不要只学教育学、心理学、教学法“老三篇”（当然这三门首先必须学好，现在有人连这三门都没学好），包括哲学、逻辑学、经济学、社会学、人类学、美学等，不妨都有所涉猎，因为文化整合不同于物质资源利用，它是一种长效性积累，许多一时看似“无用”的东西，从长远看也许倒真正有用。

二、作为文化守护者的教师文化建设

当今社会是一个开放的信息社会，长期封闭的国门一旦打开，西方五花八门的思想观念和文化产品如潮水般蜂拥而入，任何人想抵制都是不现实的，也是不明智的。有人曾经戏称21世纪是传媒的世纪。传媒既是文化产品，又是文化“掮客”。现在，面对纷至沓来的文化“不速客”，单纯地说“汇聚”“融合”“冲突”等可能都有失偏颇。到底如何？不知道！因为文化并不都是“独往独来”，它往往都与政治联姻，与经济结伴。现在，借助传媒，文化帝国主义正在全球疯狂扩张，并且在信息全球化和经济一体化的掩盖下肆行无忌。不信你无论行进在城市还是乡村，琳琅满目的广告牌上，很多都是不伦不类的西化名词，而一些如“全聚德”“同仁堂”之类有汉学意蕴的名称则日趋减少。不是杞人忧天，这种隐性的文化霸权主义就像一只贪吃的巨鳄，正在大口大口地吞噬着许多弱势国家的民族文化，比如此前我国大中小学就众口一词：要与国际接轨，其实说白了主要就是认同美国的文化价值；许多中国的大学毕业生中文写作句不通文不顺、错字连篇，对中国传统也不屑一顾，满头脑就是剑桥、托福，一心出洋镀金。文化的失守势必会导致精神意志的坍塌，其结果比军事惨败和经济落后也许更可怕。有鉴于此，有学者提出“国家文化安全”的概念，说就像“国家政治安全”“国家经济安全”“国家信息安全”一样，是国家安全的一个重要组成部分。[①] 所谓“国家文化安全”，就是指一个主权国家的文化价值体系，特别是一个主权国家的主流文化价值体系免于遭到来自内部或外部文化因素的侵蚀、破坏或颠覆，从而能够很好地保持自己的文化价值传统，在自主和自愿的基础上进行文化革新，吸收和借鉴一切对自己有利的文化价值观念和文明生活方式。从教育的地位和作用出发，在国家文化安全中，学校肩负着怎么说也不算过分的责任，而教师更应当成为汉民族先进文化的守护神。然而，我们几乎所有的学校和教师对此都显得那样的软弱和无奈，甚至自己也成了劣质文化的帮凶和牺牲。现在，每个小小的县城都有电视台，除了当地官员上镜之外，出于利益驱动，总是无节制地播映进

① 石中英：《学校教育与国家文化安全》，《教育理论与实践》2000 年第 11 期。

口的武打、凶杀、言情录像，看得几岁的孩子都如痴如醉，争相仿效；而遍布街头的网吧，更是把不知多少中小学生带进了罪恶的深渊，面对成千上万父母的哭诉，作为教师，我们不知该怎样构筑起这道堤坝？

面对西方文化的肆行无忌，现在有人甘心归顺、立地成“俘”，也有人主张重操旧器、复古读经，后者同样危险。就像外敌入侵会滋生汉奸和土匪、经济沦陷会滋生洋买办和土财主一样，文化失守也很容易滋生媚外与复古，而且两者往往携手并进。这些年，只要打开电视机，总有拖着长辫子的清朝帝王戏充斥银屏，康熙、雍正、乾隆，个个体恤勤勉、圣贤无比，嫔妃大臣开口一个“主子”，闭口一个“奴才”，动不动“喳”的一声双膝跪地，不但年幼的儿童着迷，就连不少教师也是乐此不疲。这倒也罢，因为许多人本来是闲得无聊，寻个视觉刺激、图个精神麻痹而已，谁知一些挂着清史专家、顾问、教授头衔的也跟着大唱赞歌，甚至还拿这些所谓“圣主”与华盛顿、拿破仑比附，这就十分可怕。据说河南省原阳县蒋庄乡堤东村小学的一位教师，走进教室时喊一声：“上朝！”全班学生则全都跪倒在地俯首高喊：“吾皇万岁！万岁！万万岁！”教师说：“平身！”孩子们则是：“谢皇上！”[①] 你看，这与影视镜头中的场景何其相似乃尔！像这种自恋癖式的畸形怀旧和劣根发作的“宣扬国威”更应警惕。

所以，教师作为文化守护者，既不能让外来的文化垃圾污染校园，也不能让时尚的东西把学生冲得晕头转向，而是要像野生动物园的防护网一样，既让各种文化有它存在的空间，作为资源或者历史见

① 参见盛大林：《这样的“小国之君”还有多少》，《南方周末》2004年6月24日。

证，又要不让其中的有害成分侵犯学校、伤害学生，这就要倡导理性，反对盲从。盲从往往出于无知——既不知道传统，也不知道现代；既不知道本土，也不知道外来，结果只能“跟着感觉走”。平心而论，我们有多少人认真读过中国史，读过《诗经》《楚辞》？有多少人在对快餐式的消遣文化津津有味的同时，还去读读唐诗宋词？远一点，有多少人浏览过古希腊，了解过文艺复兴？有多少人读过尼采、读过卢梭、读过《资本论》？难怪这几年，有人一听说外国某人说未来要靠东方儒家思想拯救世界，马上就像赵太爷的儿子中了秀才，阿Q便觉得他也该姓赵一样，有一种莫名的亢奋，可一看到外来文化的“花枝招展”，马上又自惭形秽、相见恨晚。因此，从国家文化安全考虑，读书，以虔诚和敬畏的心态阅读传统典籍，以古今中外的优秀文化强身固本，养育自己的阳刚之气，这是教师文化建设的又一项重要任务。有学者倡导建设“书香学校”，这是很有见地的。因为没有相当的存量知识，没有一定的学术视野，你就没有比较，没有鉴别，你就只能在文化民族虚无主义（媚外）和文化大国沙文主义（复古）之间翻筋斗。

但不管怎么说，学校归根到底是为传统文化的传承接续而存在，教师的天职就是要成为传统文化的活的载体和中介。传统文化纵有多少不是，但它毕竟是一个民族的根，是一个国家的魂。世界上没有一个民族是以否定、割断自己的历史文化传统作为文化方针和教育方针的。一个不尊重自身历史文化传统的民族，理所当然地不配受到其他民族的尊重。只是这种传统不是“化石”，不是古董，而是活着的文化生命。现在的课程改革难以深入，不排除一个重要原因，就是关注最多的还是物质形态的课程。如果我们换一种思路，把教师本身就作为一种以传统文化为根基、融多元文化于一体的文化形象，作为一种最全面的活生生的课程，在教师的文化容量和思想含量上做文章，课程也许反而会有质的变化。几十年前陶行知的新安旅行团，谁敢说不是本质意义上的学校，不是本质意义上的课程？

最后有一点需要强调，我们要求教师成为文化守护者，只是要求教师在多元文化的光怪陆离中有所持守，有自己的价值评判和认同，并不是要求教师代替学生去做具体的评判和选择，更不是把自己的判断强加给学生，而是一种整体意义上的守护。即便对于我国的传统文化，某种特定历史时期形成的文化样式或产品，其价值需要世世代代去品评甄别，不是一代人、更不是几个人所能完成的，企图由我们一手包办，实在是“致命的自负”。守护就是完整地、妥善地保留，这就好像古迹和文物，不是判别它当下有没有实用价值，更不是判别能不能为我所用，而只能视作历史的根、民族的根努力保持原貌，不致湮灭（这一点很重要，君不见现在肆意毁坏文化遗产和历史文物的事件令人触目惊心）。当然，守护和利用也是统一的，守护的最终目的主要还是为了利用，只是应当审慎行事。有些历史上流传下来的文化形式或产品，承载着相对稳定的、众所公认的意义，完全可以、也应该作为教育资源加以挖掘和利用，比如孔子的教育思想，固然有它的时代局限，但什么东西没有时代局限？单单一句“有教无类”，可以说是至简至深！倘若我们并不因为近代诸多名人要人对孔老先生臧否不一而无所适从，而是首先肯定这句话所包含的全世界都认同的教育平等思想，那这四个字就足以够我们服膺终生、躬行终生。

三、作为文化传播者的教师文化建设

文化是传播的产物，美国学者墨菲说：“可以万无一失地说，几乎所有文化百分之九十以上的内容首先都是来自传播。”[①] 但文化的传播又不是“一次性”的，尤其是精神含量富足的文化产品，往往都是经由专门机构和专业人员一代一代传承接续的。从一定意义上说，教育就是有目的地传播文化的社会活动，学校则是为这种文化传播所提供的最好的组织形式和物质场所，而教师则是其中的专业传播人员。

在古代社会，交通不便，科技落后，媒体稀缺，文化传播几乎全是通过学校传播的，教师几乎就是文化的化身。只是到了当今，交通的便捷使偌大的地球成了瞬间可至的“村”，网络的普及使得资讯成为漫无边际的“海”，而进入数码复制时代，几乎所有的文化产品都可以转换成“0”和“1”以每秒30万公里的理论速度迅速传遍全球。难怪有人说：“当全世界的知识都可以声色俱全地通过电话线或者电缆像自来水一样廉价和方便地流进你家的时候，你还用得着辛辛苦苦地去买书交学费上学堂吗？……学校是知识分子最终的家园，老师是知识分子最正统的形象，难道这最后一个据点也会最终失守么？”[②] 可以说，网络动摇了学校和教师的“世袭”领地，社会传媒褫夺了学校和教师的知识传播专利，失去“神圣”光环的教师似乎一下子陷入了职业迷惘。

其实，问题并不如此简单。

首先，教师传播文化，并不单单是信号传播，还有情感交流。据说，有位叫阿西莫夫的作家写过一篇很有意思的科幻小说，叫做《他们有过的乐趣》。小说中有一个情节，小姑娘梅姬闷闷不乐地走进教

---

① 郑金洲：《教育文化学》，人民教育出版社2000版，第95页。

② 严锋：《数码复制时代的知识分子命运》，《读书》1997年第1期。

室——不是学校中的教室，教室就在她的卧室隔壁。一个电子味道的声音让她把昨天的作业塞进一只机器的槽里，小姑娘却想着她爷爷的爷爷的爷爷曾经有过的乐趣：小朋友们在学校里嬉戏、欢闹、一起回家，多么好啊……作家所向往的这种师生、生生在现场交往中的真切感受和体验是任何虚拟场景和机械人物无法做到的。一个肉身教师在传播文化的过程中，借助规约和奖惩、语言和经验相互作用，通过人的心理结构而与基本的信仰和价值联系在一起，这大概就是有学者所说的“濡化”。濡化“在学生的学习过程上涵盖着无意识与有意识学习两个方面，较教育宽泛；而在学习内容上仅指文化传统的传承，又较教育狭窄”[①]。这种只有教师在场才能产生的“濡化”是网络无法做到的。因此，从文化传播的角度出发，教师文化建设的任务决绝仅仅是符号化信息的积累和转发，还有情感性因素的投入和耦合。

其次，教师进行文化传承的主要形式——教学，是一个以语言为中介的师生互动式认知过程，但这一过程同时又是一种实践性过程，只是这种实践不同于现实生活中真正意义上的实践，而是以往实践（生活）过程的模仿或复演，比如常常表现为学生的游戏、实验、表演、制作、主题活动等。需要注意的是，这种模仿或复演，往往都是生成式的，不可能事先完全设定程序、按序操作。在那种突发的、无序的、随机的现实场景中，教师的临场组织、引导、激发、调整、示范等作用是任何仿真人都不可能具备的。因此，教师文化建设就必须十分重视语言训练，让教学语言充满魅力；就必须十分重视拓宽自己的文化领域，善于综合运用各种文化形式和产品，让课堂充满生命活力。至于教学设备和媒体，尤其是信息技术手段，固然需要，但只是

① 郑金洲：《教育文化学》，人民教育出版社 2000 版，第 114 页。

“辅助”，千万不要让活人成为机械程序的奴隶。

再次，教师是一种特殊的职业，教师不但承担着文化传播的任务，而且自身承载着文化意义。古人说“人文以化成”，是说用文化改造人、装备人、塑造人。教师文化不是作为文凭、职称、头衔、称号外在于人而成为身份标志，而要作为教养、品质、精神、气质内化于人而成为活生生的形象，所谓“学者风度”“大家风范”便是指此。因此，教师作为文化传播者，文化建设的又一个任务，或者说比符号传输、媒体操作更重要的任务，就是自身文化形象的塑造，因为真正的大师往往不是向学生传授了什么、传授了多少，而是给学生以什么影响、影响到什么程度，正如伽达默尔论及天才时所说：“天才完全就是这种富有生气精神的一种显现方式。相对于教书匠的呆板的规则，天才显示了自由的创造活动，并因而显示了具有典范意义的独创性。”①

四、作为文化生产者的教师文化建设

学校本应是创造性文化生产的重要基地。处于多元文化背景下的现代教育，一方面必须把本民族历史上的文化产品继承、传递下来，使他们在生生不息的民族繁衍过程中不断复现和再生；另一方面，更重要的是必须将最新问世的文化产品（包括外来的和本土的）扬弃取舍，并在以往积累和现实经验的基础上进行综合加工，从内容和质料上开拓创造新文化。然而，在我国古代社会，“半部《论语》治天下”，无论公学还是私学，都是以四书五经作为唯一教材，并用封建

① 伽达默尔著，洪汉鼎译：《真理与方法》（上卷），上海译文出版社 1999 年版，第 68 页。

帝王思想加以“统整”，几千年一以贯之，不需要也不允许教师独立“开发”。许多文人学士皓首穷经，说得难听一点，就像一个“盗墓贼”，只是希望从中扒出一点别人还没有扒走的东西。即便像董仲舒、朱熹这样的“鸿儒”“大师”，也是穷毕生精力搜证索引、阐义发微，尽管也留下了如《春秋繁露》《四书》集注章句之类的东西，但说到底，都是“代圣人言”。当然，这并不等于说儒家典籍一文不值。诞生于雅斯贝尔斯所说的“轴心时代”、与西方古代文明并峙的以孔孟为代表的儒学，博大精深，那是民族文化的渊源，本身具有开掘不尽的价值。我要说的，是历代封建帝王出于维护自己统治的需要，把儒家学说加以“筛选”、改造，阉割其整体思想，“封杀”其进步意义，使其畸变为制民之“器”与驯民之“术”，并用科举取士的制度迫使所有文人就范。在这样的教育体制下，学校和教师（那时当然没有现代意义的学校和教师，大概只有塾师之类）的文化生产能力极其有限，产品也极少，而且主要用来觅功名、求俸禄。“教师”除了自己消费以外，最多像个“二道贩子”那样倒腾儒家道统，很难成为真正意义上的文化生产者。

教育是一种培育人的活动，这一过程实质上就是通过知识传授和文化熏陶使人真正成其为人——具有文化品性且能创造和享用文化的人，因而教育也就应当是一种文化生产活动。当今社会，学校教育不再是为了擦拭儒家“旧器”去谋求“六合同风，九州同贯”。处于多元文化背景下的学校教育，必然面临传统与现代、本土与外来文化的激荡与冲突。在这一过程中，如前所说，单纯地说“汇聚”“融合”“冲突”可能都失之偏颇，其结果决不是各种文化因子的简单相加或此消彼长，而是一种相互吸纳与变异，这中间必然会有新质的产生。在这种复杂的文化嬗变中，文化创生的必然性给了学校和教师巨大的自主创造空间，胡适说过："我们今日的学术思想，有这两个大源头：一方面是汉学家传给我们的古书，一方面是西洋的新旧学说。这两大潮流汇合以后，中国若不产生一种中国的新哲学，那就真是辜负了这个好机会了。"① 这段话移用到教师文化建设上，一样有启示。教师文化建设就要有这样的敏感，有这样的急切，积极顺应这一态势，让教师自觉成为文化生产者。

然而，教师又毕竟不同于一般的文化工作者。一是教师主要不是如一般的文化工作者那样直接生产文化产品，而在很大程度上是间接生产——将自己的学识、思想"渗透"到学生的身心结构中，并与学生自身的先天禀赋和后天经验交互作用，在学生的生命旅程中渐次显现出来；二是教师的文化生产主要不是为了"他者"的生产，不是为社会上的文化消费群体提供产品，很大程度上是"自产自销"——促进自身的专业发展，满足自身的精神需求。从以上特点出发，教师的文化建设就要注重两点：一是要将知识统摄于智慧，二是要将职能转化为人格。

遗憾的是，现在从大学到小学，对世俗荣誉和物质利益的渴望与追逐早已使大批教师厌倦了道统、学术和智慧，敬业精神和自由思想日益拜倒于官阶和孔方兄之下，时尚、虚假、作秀、煽情，而名目繁多的考核、评比、竞赛、奖赏又在不断地"激发"和助长教师的利己主义和浮躁心态。结果呢？一方面是劣质知识的孳生蔓延与伪学术的招摇过市，一方面是独立创造能力的匮乏和原本意义上"师道尊严"——顺带说一句，我坚持为师本该有"道"，"无道"不堪为师；

---

① 转引自吴黛舒：《文化变异与中国教育的文化抉择》，《教育理论与实践》2002年第8期。

“师道”本应有尊严，这种尊严包括被人尊重与自尊——的自弃。因此，在教师文化建设中，不妨倡导一点“贵族精神”——面对大款权贵的清高和身处低俗浮华的矜持，这就需要用“广谱性”的文化资源撑起教师的精神脊梁和人格尊严。须知，“在教育工作中，一切都应以教师的人格为依据。因为，教育的力量只能从人格的活的源泉中产生出来。任何规章制度，任何人为的机关，无论设想得如何巧妙，都不能代替教育事业中教师人格的作用”①。而健康人格的生成和发展离不开哲学素养的充盈。哲学有两个层面：一是理性的体系化的哲学，形而上，力图对世界的本原作出解答，西方见长，中国欠缺，所以李泽厚教授说中国只有“半哲学”；一是经验的生活中的哲学，那是人对现实和现存价值的追问，有人戏称为“自寻烦恼”，常常把公认的定论“折腾”为问题，中国也少有。所以，从目前的教师现状出发，我以为教师文化建设最紧迫的任务，就是用哲学击破传统思想僵硬的外壳，把教师思想引领到多元文化的风雨世界中，学会批判，学会反思。我以为，这种通过批判性反思所形成的哲学素养应当是教师文化建设的灵魂和核心，因为正如奈勒所说：“哲学解放了教师的想象力，同时又指导着他的理智。教师追溯各种教育问题的哲学根源，从而以比较广阔的眼界来看待这些问题。教师通过哲理的思考，致力于系统地解决人们已经认识清楚并提炼出来的各种重大问题。那些不能用哲学去思考教育问题的教育工作者必然是肤浅的。一个肤浅的教育工作者，可能是好的教育工作者，也可能是坏的教育工作者——但

① 乌申斯基语。转引自徐匡迪：《今天怎样做教师》，《教育中国——50名流素质教育访谈》，光明日报出版社2002年版，第217页。

好也好的有限，而坏则每况愈下。”①

文化是一个混沌的、不可分割的整体，教师文化建设即便从教师个人角度来看也是一项长期的系统工程。需要强调的是，教师个人的文化建设并非从零开始，而是在现有基础上，将原先贫乏的、零散的、残损的文化“碎片”系统化、结构化，同时不断汲取异质和新质，扩展、充实和优化这一系统和结构，进而逐步转化为教师个体独特的、个性化的文化素养和底蕴。往更高层次说，教师文化建设的最高境界是生命质量和人生价值的提升。几千年来，教师沦落为驯化工具，始终是“为他人作嫁衣裳”，处于雇佣的地位和猥琐的生活状态。现在，教师文化建设的最终目标就是要在文化的涵咏养育下，让教师没有宗教，但有坚定的信仰；身在俗世，但有超越的境界。从而能过上一种有品位的生活，一种有尊严的生活，一种审美化的生活，一种精神富足的生活。只有在这样一种生活情境和精神状态中，教师对于教育事业才有神圣感，才有幸福感，才有敬畏感，一代人师、乃至大师也才能产生。

（原载《教育参考》2004 年第 10 期、第 11 期）

---

① 引自陈友松主编：《当代西方教育哲学》，教育科学出版社 1982 年版，第 135 页。

第二辑　学校生活：带一袭书香进校园

带一袭书香进校园

我1990年开始担任海安县实验小学校长，2003年退居二线，前后共13年。刚当校长那几年，我有幸参加过一些省级实验小学的视导评估，看到人家把学校办得红红火火，我面对的却是十来亩地的狭小校园、局促不堪的校舍、七零八落的设备，真有点寝食难安，甚至有些后悔不该贸然走出这一步。我自知没有“明知山有虎，偏向虎山行”的气概，但总不能临阵脱逃、缴械投降吧？我的出路在哪里？

人说历史是现实的一面镜子，岂止是镜子，它也是后继者的源头。我把目光投向30年前。20世纪60年代前后，学校的条件不如现在，就几排平房，但却办出了少有的辉煌。当时的校长叫閻洁，一句名言流传至今：“有本事没本事《江苏教育》见分晓。”读书、教研、写作当时在学校蔚然成风，因而产生了庄振、钱薇、张茹娟、顾开瑞等许多在全省有影响的教师。我终于摸到了一个入口——教师，教师是学校发展的第一要素。于是，我决定从教师、从教师的文化建设起步——带一袭书香进校园。

一

我首先亮出一个口号——“书生本色”。我 1991 年第一次去孔庙孔府，站在孔子手植柏下，面对斑驳的墙垣，头脑中马上浮现出双手作拱、长髯飘胸、满面笑容的孔老夫子的绣像，我总想，他老人家生前曾累累若丧家之犬，近代又屡遭挞伐，为何其形象不因时因人而废？恐怕就在于他身上那种读书人的文化精神已经超越了时空，具有一种永恒的魅力和张力，让教育至今仍旧还绵延在他的思想余绪中，而我们几千年也走不出他那棵大树的荫庇。我所倡导的“书生本色”不知道是不是就发轫于那一刹那。

怎样让“书生本色”从一个干瘪的口号变为具体可感的形象？1995 年，我们有一项实验课题要结题，邀请到了当时任南京师范大学教科所所长的朱小蔓教授，那是我担任校长后接待的第一位教授级人物。一件藏青色风衣，镶大红领口，短发，在整个活动期间，朱教授亲切、随和，风度翩翩，尤其是一场对话，魅力四射，至今让许多教师景仰不已。这让我茅塞顿开——偶像效应。我想，人总是有偶像崇拜的。偶像不同于榜样，榜样是他者树起来的，大多借助舆论让人仿效；偶像是一种自我选择和自我认同，往往是一种自觉追求，就像现代社会中很多人崇拜歌星、影星、球星，那是他的自由，因而具有无限的内驱力。因此，我就充分利用在全国有影响的青年学者柳夕浪，让他尽可能多地延请专家学者到学校。有些学校也请，但只满足于请他们作一个报告，我不够，我觉得台上和台下的形象不一样，聆听和交流的效果不一样，我要努力让他们来到教师中间，让教师们在和他们零距离的接触中把他们鲜活丰满的形象镌刻在心中，成为教师心中的偶像。于是，我就悉心组织一些读书交流会、学术研讨会、青年教师学术沙龙等作为平台，让专家学者们杂坐在教师中间，能够自由地、平等地与教师进行现场对话。那时候，教师们简直视这样的活动如盛典，一个个认真地阅读、摘抄、讨论，许多人都带上自己的卡片、笔记、相关著作进现场，那种激动、亢奋会感染在场的每一个人。在此后五六年的时间里，现在中央教科所的田慧生、高峡、丰力，北京师范大学的王策三、裴娣娜、肖川，南京师范大学的金生鈜、郝京华、陈敬朴、谭顶良，华中师范大学的雷实，湖南师范大学的刘铁芳，以及江苏省教科所的成尚荣、杨九俊、彭钢……众多专家学者走进了我们的校园。尽管他们的年龄、性别、身份、专业、个性各不相同，但那种学者品性和书生气质却让教师如坐春风，丰富的个体形象让教师充分领略了什么叫“书生本色”，于是，歌星、影星、球星在教师心目中不再占据主导地位，一些专家教授的名字屡屡出现在教师的日常话语中，他们的一些著作论文也受到格外的关注，教师的价值取向悄悄地发生了改变。决不要小看这一个改变，这实际上是在潜移默化中播下了“书生本色”的种子。

二

“书生本色”是什么？我说不清，但肯定与书有缘。著名画家张大千先生曾说：“作画如欲脱俗气、洗浮气、除匠气，第一是读书，第二是多读书，第三是有系统、有选择地读书。”教师何尝不是如此？现在教师中俗气、浮气、匠气不少，倡导书生本色，读书便是题中之义，“腹有诗书气自华”。说来也巧，北师大裴娣娜教授在我们学校有一句题词：“学者型教师的摇篮。”我就以此作为全校教师发展的理念，以知识体系、专业技能、职业规范三个要素为基础，构建了从合格教师、优秀教师向学者型教师攀登的目标体系，把建设一支学者型教师队伍作为学校的一项根本战略措施，把读书作为一项奠基性工程。现在提倡读书的学校不在少数，但总是囿于“学以致用”，为此甚至一厢情愿地限制和规定教师读什么、不读什么，这有点不大可取。我则比较随意，主张萝卜青菜各有所爱，喜欢什么读什么，不怕泛，不怕杂。我的母亲是年届80的农民，妻曾好心将她接到城里，衣来伸手、饭来张口，可没几天她就吵着要回乡下，说是浑身“病”得难受，一回到她那三间旧屋、一垄菜地，马上话也多了、眼也神了、腿脚也灵便了、病也没了，整个的人活了！为什么？她的魂在那儿，她在那儿能找到生命的确证。教师读书确实可以为自己的教学和写作带来帮助，但“可以”不等于“为了”，教师读书更多的应该是寻根唤魂，就像鸟之归林、鱼之入水，找到自己安身立命之处。我曾经对教师说，读书应当求“气”（书卷气）不求“器”（功利器），气韵足了自有器，也不知道这样做好不好。

我曾要求每位教师藏书要在500册以上，同时还对教师说过这样的话：“购书不求有用，藏书不求全读，读书不求全懂。”为什么？教育本身是开放的、整体的、审美的，特别是基础教育，往往既没有学科边界，也没有历史边界，好的中小学教师应当是通识型的“杂家”，又是知识前沿的“活动家”，如果没有一定数量的藏书作“家当”、充“底气”，那是会走向枯竭和僵化的。但教师归根到底又是实践工作者，引领、帮助、指导学生是其主要职责，读书主要是为教学服务，偏离特定的教育教学目标，一味地啃书本、做学问，弄不好也会贻误教学。也难得许多教师认同了我的观点，现在，全校已有不少教师藏书过千，华应龙（现在北京第二实验小学）、华志刚，以及我本人，先后都被评为县藏书十佳，吴冬梅被评为县读书自学标兵，许卫兵被评为南通市读书自学积极分子。

提倡读书光喊口号不行，光提要求也不行，而要身体力行。于是，我跟教师之间，寒暄问候谈书，家庭探访看书，礼尚往来送书，书成了我和教师经常性的谈话主题，也成了我们之间的感情纽带。我有时出差，方便时总喜欢给别人带点书作为纪念，于是，我的许多同事出差，总是不忘给我带一两本书，让我由衷感激，那一套31册《现代思想的冒险家们》丛书，就是顾荣送我的。2003年，我从校长岗位上退下来，一位青年教师写下了这样一段话：

金校长足足长我一辈。他在校长任内最后一次讲话结束时“恳请”我们别再称呼他“校长”，我得尊重他，称呼什么呢？他是儒者，叫一声“先生”吧，不管妥帖不妥帖。……先生甚爱书，也算是“投其所好”吧，印象中我曾送过他两本书：《教育，我们有话要说》《语言哲学》。先生并不推辞，只是后来相继送我《人的问题》《理解与教育》《质的研究方法与社会科学研究》等。有段时间，先生想读马克思的《1844年经济学哲学手稿》而不得，我就设法从朋友处借来马恩全集第42卷，先生便连忙去复印，自己装订成册。……每次与先生相遇，心中总有些惶恐，因为先生几乎每次都要问：最近又读了什么书？最近又有什么思考？正因为先生的不停鞭策，我才不敢懈怠，总是告诫自己：板凳宁坐十年冷，静下心来多读书。

——王玉东

我自信，只要每个教师每天都能带一袭书香进校园，“学者型教师”就不会流为一种旗号或时尚。上世纪末，学校曾创下在《江苏教育》连续23期发表三十多篇文章的奇迹，校内教师士气大振，杂志编辑也大感意外；本世纪初，短短几年，华应龙、翟书烈、焦顺华等教师先后被评为江苏省特级教师（本人也有幸忝列其中），贲友林（后来进了南京师范大学附属小学）、仲剑锋、储冬生等好几位老师相继在全国性的教学观摩比赛中获得一等奖，在省、市、县许多竞赛的领奖台上，海安实验小学教师的身影总是频繁出现。这些，谁说与“学者型教师”的目标导引、与学校充满书香气息没有关系呢？

三

有人也许会有误解，似乎我好为人师，刻意在扮演一个教师读书的“引领”者角色。不，不是这样。我从担任实验小学校长的第一天起，就清醒地认识到自己的“先天不足”——学养匮乏、见识短浅，我从内心深处意识到读书是我的必修课，只不过一不小心就以己课人罢了。现在看来，其他我也许屡有闪失，唯有读书倒是我的“千虑一得”，书籍让我日有所得、时有所进。比如最基本的，我们天天身在学校，学校是什么？“专门进行教育的机构”——不是明明白白写着吗？经典得很。是的，可当我认真读过几本当代哲学著作，“人”在我心中的地位日益升高，我忽然斗胆怀疑经典了。机构的定义是“泛指机关、团体或其他工作单位”，在这些“单位”中，科层结构和公文递转是两大主要特点，学校有吗？学校真的也是“机构”吗？美国人房龙曾经很形象地描述大学的起源：

一个明智之士对自己说：“我发现了一个伟大的真理，我必须把我的知识传授给别人。”无论何时何地，只要能找到几个愿听他宣讲的人，他就开始把自己的智慧鼓吹一番，就好像现代站在肥皂箱上的街头演说者一样。假如他是一个饶有趣味的演说家，群众就停下来听，假如演说乏味，他们就耸耸肩，继续走他们的路。久而久之，某些年轻人开始按时来聆听这位伟大导师的智慧的言词，他们还带来记录本，一小瓶墨水和鹅毛笔，把他们觉得重要的东西记下来。有一天下起雨来，老师和学生们就撤到一间空的地下室去，或到这位“教授”的家里来。学者坐在他的椅子上，年轻人就地而坐。这就是大学的起始。

——房龙著：《人类的故事》，河北教育出版社 2005 年版，第 173 页

这与孔老夫子的“春服既成，冠者五六人，童子六七人，浴乎沂，风乎舞雩，咏而归”的境界何其相似乃尔！当我再读到美国经济学家曼昆在《经济学原理》中给市场下的定义是“某种物品或劳务的一群买者和卖者”，而不是“商品交易的场所”（《现代汉语词典》），不禁豁然一亮，似乎对“学校”有了一种新解——基于某种教育供求关系的一群教育者和受教育者，它既不是“机构”，也不是场所，而是具有主体间性的人，是学生和教师的共同体，校舍设备和管理模式均无关紧要。于是，我把“共生”作为办学的核心理念，把“交往教育”作为学校研究的主课题；于是，同事们说我的身上越来越有民主精神和人本思想，说我的学校管理有很浓的人文味。我从不敢自诩是“教师之师”，也不敢自封是“学校之魂”，只想带一袭书香进校园。多年以前，我就曾暗中希望在我走下校长岗位之后，大部分教师能说一声：此人终究是一介书生，因为历史上能够成为学校精神领袖的大多是狷介书生。当然我自知不配，但可以心向往之，不舍昼夜。

而今，我已卸任三年，如果问还有什么萦绕心头，那就是：

但愿学校书香不绝，薪火相传。

（原载《人民教育》2006 年第 9 期）

书到用时方恨少

常言说，书到用时方恨少。可细想想，真要到“恨”的程度，也还不易。即以我而言，早年少不经事，仗着能说会道，又读了几本哲学、逻辑、修辞方面的书，星星点点作了些摘记，便多少有点恃才傲物。年岁稍长，尤其是被推上校长岗位后，每每因自以为是而出错、受窘，这才痛感原先那点积累零散肤浅，“二两颜料开染坊”，哪能不露馅？

雅斯贝尔斯说：“教育是极其严肃的伟大事业。”掂量这话，不禁悚然。小学校长，其任不大，但毕竟也身系成百上千学子的身心与未来，哪能容你脑中空空，胸无点墨，像不负责任的推销商那样信口雌黄？容你以己昏昏，让全校师生却像盲人瞎马般胡乱闯荡吗？迷惘困顿始生恨，少时蹉跎读书少啊！

读书最主要的目的是汲取知识——包括理论和经验等，黑格尔说：“无论在理论的和实践的范围内，没有理智，便不会有坚定性和确定性。”可见，思想理念是尽职之本。现在有人一提马列就有些不屑，觉得他们的某个论断已经过时，其实这是我们自己的错。连梁启超都懂："凡一种思想，总是拿它的时代来做背景。我们要学的，是学那思想的根本精神，不是学它派生的条件。"马列主义、毛泽东思想、邓小平理论，毕竟是世界瞩目的思想高峰，倘不误作可以随便套用的操作工具，作为经典，作为理念，则是我们不可或缺的必修课，也是我们人生价值生成的必备基质。

戴震纪念馆中有一联："治学不为媚时语，独寻真知启后人。"对我堪为箴言。我当然不敢妄想"独寻真知"，但时时警惕食古不化，力求学有所得还是可以做到的。比如读了王朝闻所著《审美心态》，想到教师管理中的心理因素、情感因素，尝试运用赏识手段，从而为教师管理抹上浓重的人文色彩；读了《艺术心理学》，进一步加深了对艺术教育性质与功能的认识，自觉从开发学生潜能出发，改进和加强了学校的艺术教育；读了《西方心理学的新发展》中有关勒温团体动力学的内容，想到班子建设的结构化要求，着意营造协调和谐的学校领导班子氛围，从而增强了凝聚力；读了《人论》，想到校长自身形象，注重强化非权力性影响，力求形成人格魅力……这些虽难免有牵强附会、失之浅陋之嫌，但愚者千虑，终有一得，我不仅提高了自身管理水平，有关论文也相继发表或获奖，我也因此而有一种成就感和愉悦感，总算尝到了读书的甜头。

有时我还想，小人物读书——至少像我，本是为了充实自己，提高自己，故而能求甚解更好，但不一定要像专门家那样发微探幽，非求甚解不可；有时随便泛览，抑或也有收益。几年前我看到一本《人是谁》，有些不解：何不题《人是什么》？买回来看看；后来看到一本《人论》，把人定义为符号的动物，觉得新鲜，买回来看看；再后来又看到一本《生与死的对抗》，说人是一种疾病，感到惊异，也买回来看看——看看而已。然而我认为，有些一读全懂的书大可不读，唯有难懂之书才更值得读。“旧书不厌百回读”，一旦读懂其中几处，当获益匪浅。就说上面几本书，尽管至今不得要领，却至少让我感到人从来也没有停止对自身本质的探问。由此想到，近年来素质教育的核心不正是以人为本，体现了对人的终极关怀吗？说到底，素质教育是将学生提升、或者说回复到人的主体地位的教育。这一自身认识的确立，使我超出了单纯概念说教和行政指令的层面，随之我就向教师提出了以下明确要求：

儿童身心的健全和健康受法律保护，不容侵犯；

儿童具有与成人同等的人格尊严，不容伤害；

儿童受教育的权利受法律保障，不容剥夺。

当然，在许多饱学之士面前妄谈读书是会贻笑大方的。不过李霁野教授说得好：读书应当是生活的一种享乐，生活应当用生活来陶冶。当我拖着疲惫之躯进户落座，随手抽出一本书来，任其导引去领略艺术世界、徜徉理性王国时，便油然而生一种充实感、超脱感。有时忽然想起庄子的话，“吾生也有涯，而知也无涯”，心中便又生几分读书太少之“恨”。

（原载《江苏教育》1999年第1期）

用读书为教师的专业发展奠基

——从一所农村小学教师的读书现状谈起

最近，有关机构举行了第三次国民阅读状况调查，数据显示，国民阅读率5年来持续走低，去年只有51.7%，比1998年下降了8.7%，也就是说，大约有近半数国民基本上全年不读书，这不能不让人略感悲凉。那么教育呢？按理说那可是“知识分子成堆的地方”，过去人们提起学校就是“书声琅琅”，总该另眼相看吧？其实不尽然。笔者两年前一个偶然的机会，无意中对一所普通农村小学教师的读书状况作了一次简单调查，结果实在令人担忧。

调查很简单，一共只有三个问题，调查了18位教师，占全校教师的69.2%（学校领导干部因为另有任务，未能参加调查）。结果如下：

第一题：请回答：你大约藏书多少册？在你的藏书中，你认为对你来说最有价值的是哪三本书？作者是谁？

18位教师认为“最有价值的书”总共列了16种：

《红楼梦》（14人）　《毛泽东选集》（以下均为1人）

《三国演义》（10人）　《邓小平文选》

《水浒传》	（6 人）	《文化苦旅》
《西游记》	（3 人）	《小学语文教学研究》
《钢铁是怎样炼成的》	（3 人）	《中小学教师职业道德规范》
《围城》	（3 人）	《童年》
《素质教育新论》	（2 人）	《数学教学指南》
《战争与和平》	（1 人）	《一般心理学教程》

从统计结果看，18 位教师，有 14 人按要求写了 3 本，有 4 人只写了两本，总共 50 人次。教师认为对自己来说最有价值的藏书大体上有三类，一类是中国古代四大名著，共 33 人次，占总数 50 人次的 66%；第二类是小说散文等，共 9 人次，占 18%；第三类是教育，5 种，6 人次，占 12%；最后是领袖著作，2 人次，占 4%。

这样的结果能说明什么？四大名著当然有价值，但对于教师的专业发展而言，选项如此集中就显得有些不正常。况且笔者对此还不敢尽信，因为并没有深究教师们认为它的价值到底在哪里？到底有多大？

第二题：请回答：你近来重点阅读的专著是什么？

结果如下：

《素质教育新论》（2 人）　　　　《小学教学研究》（2 人）

其余 14 人空白。

此问未限古今，未限中外，也未限门类。从统计结果看，竟然有近 80%的人写不出最近阅读的专著，这让人不免有些震惊！

况且，教育本身是开放的、整体的、审美的，“大多数一般性的教育问题都是哲学本身的问题”（乔治·奈勒），以上两问教师所写出的书目固然奇少，而且其中竟没有一本哲学、美学、社会学、人类学、经济学之类的经典著作，这是非常可怕的。教师的阅读量如此之少、面如此之窄，很难想象有多少学养——而一个没有学养的教师是绝难胜任教学工作的。

第三题：请写出三句教育家名言。

结果 18 人共写了 16 句，其中有一句因字迹潦草模糊难以辨识，能辨读的 15 句如下（错别字已改正）：

“捧着一颗心来，不带半根草去” （16 人）

“学而不厌，诲人不倦” （7 人）

“亲其师，信其道” （5 人）

“师者，所以传道、授业、解惑也” （2 人）

“三人行，必有我师焉” （2 人）

“学然后知不足，教然后知困” （2 人）

“做老实人，说老实话，办老实事” （2 人）

“先天下之忧而忧，后天下之乐而乐”（以下均为 1 人）

“兴趣是最好的老师”

“如果你每天都对一个孩子说‘你真坏’，那么他将会变成一个坏孩子”

“教育要面向现代化，面向世界，面向未来”

“横眉冷对千夫指，俯首甘为孺子牛”

“书山有路勤为径，学海无涯苦作舟”

“千里之行，始于足下”

“身教重于言教”

以上 15 句中，经典意义上的教育家只有孔子、陶行知，没有一位外国教育家；15 句中，陶行知的“捧着一颗心来，不带半根草去”共有 16 人写到，占总人数（18 人）的 88.9%，这种过于集中的指向本来就值得研究，况且在 16 人中，写得不准确（添字、少字、换字、错字）的有 9 人，张冠李戴将陶行知说成叶圣陶的有 5 人，则更令人遗憾！教师的教育理念，必须在以往教育思想的土壤里才能萌发，必须在自身服膺的教育信念中才能扎根。在一所学校的教师群体中，教育思想资源如此贫瘠，教育理念是无从谈起的。而就是这样一所学校，近三年中居然还有 14 篇论文发表，其中省级以上的有 6 篇。限于时间，笔者没有能看到具体的文章，但从中我们似乎也可以对当今铺天盖地发表和获奖的论文窥见一斑。

现在的农村一般小学有多大的比例是属于这种情况，我没有调查，不敢妄下结论。不过，就我估计，像这所小学，虽说有些特殊，但绝不是特例！农村小学教师不购书、不藏书、不读书的现象可以说司空见惯、不足为奇。

然而，我要郑重声明，我的本意并非一味责怪农村小学教师，更没有以此为缘由（当然也绝没有这个权力）“整顿”“精简”农村小学教师的意思。相反，我要说的是，解决农村小学教师的读书问题，社会要努力，行政要作为。

一要解决“书源”的问题。笔者在跟许多农村小学教师的接触中，发现许多教师还是有读书的要求的，但往往苦于无书可读。想想也是，现在别说农村乡镇，即便是县城，也仅有少数几家书店，而且出于经济原因，书店里铺天盖地的都是练习册、试题集之类，即使有一些教育类的图书，大多也是“大宗货”，不是一些冒充“教育秘诀”之类的畅销书，就是一些大同小异的新理念、新课标、新方法之类。而一些学术含量较高的、经典性的哲学、美学、文化学等书籍，一般很少见到，这就造成教师即便想买书都无处去买的尴尬。而农村小学的教师，很少有出差的机会，几年都难得进一趟省城，不可能涉足大型书市、书城，因此，依笔者之见，能否由行政或教研机构出面，根据教师的需要，统一组织一些学术著作供应教师。

二要解决氛围的问题。教师的文化建设同样有一个“生态”问题。过去行政也一直在要求教师读书，但往往“规定”多，“推介”少，“倡导”更少。所谓“规定”，较多地只从实用主义出发，确定一些普及性的、通用性的读物，甚至要求教师“人手一册”。这些固然需要，但长期如此，很容易导致品类单一、风格单调，难以形成一种自由的、多元化的阅读氛围。因此，我们不妨在阅读的范围上更广阔一些，努力拓展到“教育”以外（其实教育本来是没有严格的学科边界的，现在我们潜意识中的“边界”大多是自我封闭的结果）；在阅读的功能上更超越一些，努力倡导一点“无用之用”。只有这样，让阅读成为教师的个人自主行为，而且变成个性化的“各取所需”，整个学校——扩大而言，整个教育，才是一个生机盎然的读书“生态苑”，在这种氛围中，才能读出滋味、读出智慧、读出境界。

三要解决机制的问题。过去我们说到“教学”，往往就是指课堂上的“教授”行为，最多包括了所谓“学生的学”，很少考虑到教师自己的“学”。在我们很多人的潜意识中，教师，尤其是小学教师，都是一些简单劳动者，无非就是教会儿童识字、算术而已，即便是现在，我们依然重视学历、资历等硬条件，实质上是把教师的资格限定在就业之前，认为教师都是凭借职前的“资本积累”去经营一生，所以编制一紧再紧，统考统测接连不断，逼迫教师放弃自身的学术性和研究性，去做机械重复的考试训练。有人老是不解：为何几十年前的中小学教师，有不少人后来都成了享誉全国的学问家，现在却风景不再了呢？你说，在这样的机制下，教师对读书既没有兴致，也没有精力，还能成什么呢？

也谈教师读书

肖川先生在《教育参考》第 7、8 期撰文《教师应该读哪些书》，读了很有启发，但又总觉得说得不够或者不透，故而不避狗尾续貂之嫌，也来说几句。

教师为什么要读书？肖川先生说：是“基于解决精神饥渴之需要，是源源不断地为‘思府运作’添加原料的需要”，由此出发，所谓“好书”的标准就是“能够唤起你进一步阅读和写作冲动的读物，那些使你亲近书籍和人类精神生活的读物”。这些都是不错的，但我总觉得还是隐隐约约带有一点功利色彩——“思府运作”“写作冲动”。我不反对教师追求正当的功利，也不否认当今社会有许多教师过于功利，但能不能让读书尽可能远离功利？我的母亲是年届 80 的农民，妻好心将她接到城里，衣来伸手、饭来张口，可没几天她就要回乡下，说是浑身“病”得难受，一回到她那三间旧屋、一垄菜地，马上话也多了、眼也神了、腿脚也灵便了、病也没了，整个的人活了！为什么？她的魂在那儿，她在那儿能找到生命的确证。教师读书确实可以为自己的教学和写作带来帮助，但“可以”不等于“为了”，教师读书更多的应该是寻根唤魂，就像鸟之归林、鱼之入水，找到自己安身立命之处。我曾经对教师说，读书应当求“气”（书卷气）不求“器”（功利器），气韵足了自有器。

读什么书？肖川先生说：“少读以至不读国内那些假冒伪劣的学者‘著’的大部头的所谓‘著作’，”“多读一些翻译过来的书籍。”“多读一些优秀的教育期刊。”我承认这种说法有一定的道理，但似乎有失公允。国内的著作未必都不好，仅就教育专著，像项贤明的《泛教育论》、石中英的《知识转型与教育改革》、金生鈜的《理解与教育——走向哲学解释学的教育哲学导论》，包括肖川先生自己的《教育的理想与信念》，我觉得都不错，而且曾多次向教师推荐，我不赞成一概否定。至于文字垃圾，只要出版业纳入市场运作（这是不可逆转的必然趋势），它就不可避免，中外皆然。我倒主张自主一点、自由一点，萝卜青菜，各有所爱，喜欢什么读什么。就像吃，你要听广告的，那就喝酒、吞药、吃营养品，别吃饭；你要听医生的，那就这也忌、那也犯，最好什么也别吃。所以最后只能听自己的，只要舒服（生理感受）、惬意（心理感受）就行（防止污染中毒另当别论）。但有两种书我不读：全能看懂的我不读，空费时光；全看不懂的也不读，恍若隔世。读什么？就读那些自己喜欢、半懂不懂的书，价值就在从不懂、到半懂、再到又有不懂的过程之中。我还有一个建议，千万不要作茧自缚，把自己圈在教育的狭小圈子里，要知道，“外面的世界真精彩”。比如我手头的十多本《学苑英华》系列丛书、五六本《三联·哈佛燕京学术丛书》、十多本《二十世纪西方哲学译丛》，就觉得蛮不错。

我很赞成肖川先生的话，在读什么和怎么读的问题上，“后者更重要”。怎么读呢？他认为，“不一定要读得多，但一定要读得透”，我以为，这恐怕也不能一概而论。“文革”期间，有人讥讽一位历史学家：他是历史学家，但历史不全懂，他只懂古代史；古代史也不全懂，他只懂先秦，先秦也不全懂，他只懂夏商周，夏商周也不全懂，他只懂甲骨文；甲骨文也不全懂，他只懂有几片甲骨，都是从哪儿挖出来的。讥讽者的无知当然是显而易见的，但也大体道出了专家的特点——求深忌浅、求专忌泛。中小学不一样，它是为青少年未来发展打基础，不是培养高级专门人才，中小学教师主要是教学，不是做学问，况且教育本身又是开放的、整体的、审美的，基础教育往往没有学科边界，好的中小学教师不一定是某一学科门类的专家，较多的是“杂家”，所以中小学教师读书不忙泛、不怕杂，忌讳的反倒是知识面过于狭窄、单一。我曾对小学教师说过这样的话：“购书不求有用，藏书不求全读，读书不求全懂。”求什么？情趣！就说我自己吧，曾经看到一本《人是谁》，心想，为什么不标为“人是什么”？邮购来看看；后来看到《人论》，说人是符号动物，有趣，买来看看；后来又看到《生与死的对抗》，说人是一种疾病，不解，买来看看——看看而已，那些书岂是我辈能读通读透的？我是自知驽钝，不存奢望，但只要有点滴所得，都是弥足珍贵。

最后要声明，我说这番话，决不是跟肖川先生叫板——至少我不敢，只是一点不虚加溢美、不人云亦云的学习体会。

（原载《教育参考》2004 年第 12 期）

媒体与课堂教学

——兼读尼尔·波兹曼《童年的消逝》《娱乐至死》

此次基础教育课程改革有一个鲜明的时代特征，这就是信息社会的日益逼近，因此课程改革纲要明确要求，“大力推进信息技术在教学过程中的普遍应用，促进信息技术与学科课程的整合……为学生的学习和发展提供丰富多彩的教育环境和有力的学习工具”。这是一项至关重要的任务，也是课堂教学面临的一项艰巨而复杂的课题。或许正因为这是一项新的课题，所以只能“摸着石头过河”，需要我们格外关注并不断加以研究。

一

回顾以往的岁月，我们的课堂教学几乎一直是以文本教材作为媒体，除了小学低年级的教科书和中学理科教材有一些插图外，其余几乎全是文字资料，就连字体字号都高度统一。几百年来，伴随印刷术，我们的教学思想、体系、制度、方法都已经与纸质媒体丝丝入扣，而一代又一代的教师们也是薪火相传，上课下课，按部就班，怡然自得。然而，近十来年，电视、电脑、网络却以令人吃惊的速度迅猛发展，几乎就在短短几年的时间里迅速遍及社会，对学校几成席卷之势。仿佛一觉醒来，突然发现传统的课堂变了，原有的秩序乱了，我们的学生乐了。比如现在走进小学课堂，尤其是一些公开课、评优课，多媒体往往成为必不可少的“现代化”的标志，声、光、电，一应俱全，借助电视画面的不断切换和动态演示以及音响效果的渲染，学生们在新奇和刺激中兴趣盎然，而我们的许多教师（尤其是一些基层学校的年长教师）却懵了——就像刘姥姥突然进了大观园，一下子变得不会上课了。许多人禁不住自问，这是怎么了？

其实并不奇怪。2003年逝世的著名媒体研究专家、美国哈佛大学文化传播系主任尼尔·波兹曼（Neil postman）曾就美国电视节目《芝麻街》在1969年问世，说“《芝麻街》改变了传统的学校概念”。他认为：“课程是一种特别的信息系统，其目的是要影响、教育、训练或培养年轻人的思想和性格。电视正可以起到这样的作用，而且可以做到持之以恒。通过发挥这样的作用，电视成功地战胜了学校里的课程，甚至几乎消灭了学校里的课程。”[①] 也就是说，以电视为核心的图像传媒的兴起，必然会导致文本地位的衰微，进而会动摇传统教育的根基。

需要说明的是，媒体与媒介现在似乎经常混用，但两者还是有所区别的。按照辞典的解释，媒介原本是使两者（人、物、事件等）发生和保持联系的东西；按照加拿大传播理论家马歇尔·麦克卢汉的说法，媒介就是信息；而按照波兹曼的说法，媒介是隐喻，也是认识论。媒体顾名思义则应是媒介的载体，比如广播、电视、报纸、杂

① 尼尔·波兹曼著，章艳译：《娱乐至死》，广西师范大学出版社2004年版，第186、190页。

志、书籍等。大致说来，人类社会自有语言以来，已经经历了以口语作为主要媒体的“口语时代”和以印刷文本作为主要媒体的“读文时代”，现在正逐步进入以可视图像作为主要媒体的“读图时代”。图像几年几十年便打破文本千百年的一统天下，是靠现代网络技术而肆行无忌的，而网络技术本身又借助图像传输迅速发展。正因为如此，所以有教育专家认为，当代信息技术“不仅对我国现行的教育与教学理念提出了挑战，而且为我们实现素质教育的理想提供了切实可行的方案、技术、方法与认知工具……我们可以十分肯定地说，这种高新技术已经成为营造新型学习文化的强有力的催化剂”[①]。

这里，先说几句题外的话。严格说来，信息与技术是两个东西。技术，往往指一种物质装置和操作规程，信息则一般是指能够让那些物质装置和操作规程派上用场的东西，比如电脑操作是技术，而能够让电脑这种机器和操作规程派上用场的就是信息，信息与特定的技术合在一起就是信息技术，某种意义上就是媒体。信息技术的含义原本很广，古代人大声呼叫是信息技术，图腾、崖画是信息技术，虎符、烽烟是信息技术，近代人的信邮是信息技术，电话、电报也是信息技术，并非专指现代以网络、数字为主要传输方式的信息技术，更不是单指电视图像。

从长远看，一种主导性媒体的改变绝不仅仅是信息技术手段的改变，同时它将改变人们的认知方式、生活习惯、思想观念，直至生存环境和社会形态，但首当其冲的必然是教育和文化。留心现在的学校课堂，信息技术的变革已经、并且必将继续引起课堂教学的全面而深

---

① 钟启泉、崔允漷、张华主编：《为了中华民族的复兴，为了每位学生的发展——〈基础教育课程改革纲要（试行）〉解读》，华东师范大学出版社 2001 年版，第 20 页。

刻的变化，当然究竟会变化到什么程度，现在谁也说不清。比如文本和图像这两种媒体，就我现在的初步感觉——感觉而已，绝非理性思考。在教学思想上，文本教学的主题词是“刻苦”，所谓“头悬梁、锥刺股”“学海无涯苦作舟”，强调外控与意志，图像教学的潜台词是“好玩”，所谓“玩中学、学中玩”，强调自主与兴趣；在教学内容上，文本教学单一而稳定，“旧书不厌百回读，熟读深思子自知”，图像教学广泛而多变，“坐地日行八万里，巡天遥看一千河”；在教学方法上，文本教学强调识记、积累、循序渐进，所谓“强记博览”“学富五车”，图像教学强调观察、体验、整体感知，倡导“自主建构”“个性化发展”；在师生关系上，文本教学属“前喻文化”，师生界限分明，授受关系明确，学生的任务主要是传承接续，图像教学属“同喻文化”，身份界限模糊，不存在单向的授受关系，很大程度上是教学相长。正因为如此，恰当利用图像进行教学，确实有利于打破单一的线性思维方式，形成整体的、立体化的思维方式，从而形成创造性的思维品质；有利于突破以知识积累为取向的单一教学目标，有效地达成知识与技能、过程与方法以及情感、态度、价值观等综合性教学目标；有利于唤醒学生的主体意识，让学生掌握更多的学习工具和学习方法，并为学生的终生学习、终生发展提供先期准备……作为学校和教师，只有充分认识到媒体变革的深远影响，并且积极而自觉地顺应这一变革，才能成为教育改革的促进者。

二

现代信息技术固然有它的先进性，引进课堂，其功能和效用是不言而喻的，然而是否已经“为我们实现素质教育的理想提供了切实可行的方案、技术、方法与认知工具”？尽管有专家说“十分肯定”，我却始终缺乏这样的底气。网络化、数字化、图像化，作为一场媒体变革，其深刻性和复杂性怎么估计都不算过分，但到底会有怎么样的变化，最终会导致怎样的结果，有时是很难准确预见的。从历史上看，许多科技发明，在其滥觞阶段，人们总是赋予它神圣美丽的色彩，但日后却发现，它有时就像哈耶克所说的“看不见的手”，弄出一些和我们自己的主观愿望相反的东西来，甚至会对人类酿成灾难。现代信息技术是不是也会这样？我以为，很难说，反正天底下没有免费的午餐。

上世纪三、四十年代，有两位英国的预言家用小说的形式描绘了他们心目中的未来社会，一是乔治·奥威尔（George Orwell）的《一九八四》，描写了在“老大哥”这一专制独裁者统治下的极端恐怖；一是奥尔德斯·赫胥黎（Aldous Leonard Huxley）的《美丽新世界》，描写了人们因对于娱乐的无穷欲望而甘受工业技术的奴役，彻底放弃了思考与自由。奥威尔害怕的是强行禁书，赫胥黎担心的是无需禁书，因为再也没有人愿意读书；奥威尔害怕信息被专制者剥夺，赫胥黎担心人们在汪洋如海的信息中无所适从；奥威尔害怕真理被隐瞒，赫胥黎担心真理被淹没在无聊琐屑的世界中；奥威尔害怕我们的文化成为受制文化，赫胥黎担心我们的文化成为充满感官刺激、欲望和无规则游戏的庸俗文化……简言之，奥威尔害怕我们憎恨的东西——文化专制会毁掉我们，而赫胥黎担心我们将毁于我们倾心热爱的东西——电视娱乐。[①] 很显然，奥威尔的预言是建立在印刷文本的基础上，而赫胥黎的预言则建立在电视传媒的基础之上。值得我们深思的是，奥威尔的预言没有等到 1984 年就已经在世界不少地方上演

① 参见《娱乐至死》前言。

(如纳粹独裁、斯大林时代的大清洗、中国的十年“文革”),而今,图像世界借助网络技术,似乎正以印度洋海啸般的势头席卷全球,让我们这些习惯了文本时代的人惊慌失措。难道说,奥威尔的预言已经成为历史,而赫胥黎的预言在更大的范围内将会成为现实?

有一段时间,韩剧风靡全国。韩剧,动辄几十集上百集,无非是把一些家长里短、鸡毛蒜皮“膨化”成高山大海,结果呢,十来岁的稚气小丫,二十来岁的先锋靓女,三十来岁的寂寞少妇,四五十岁的半老徐娘,直到八十多岁的没齿老妪,几乎全都看得入了迷(我绝不是搞性别歧视,而是因为韩剧特受女性观众的青睐)。电视普及原是一件好事,可现在打开电视,从NBA到世界杯,从“戏说”到“漫话”,从奥特曼到孙悟空,从刀光剑影到床上功夫,从宫闱秘闻到丰乳肥臀……在显示屏前,聚集了多少或惺忪或亢奋、或游离或专注、或呆滞或艳羡的眼球?最后得到了什么?姑且积极乐观一点,套用一句文本时代的“开卷有益”,也先闭着眼睛说一句“开屏有益”吧,其实对于不少观众来说,只是打发时光,增添一点街谈巷议、饭后茶余而已。然而世人觉察不到的是,在这种哼哼哈哈、卿卿我我、悲悲戚戚的观赏中,我们却失去了思考力,失去了分辨力,失去了批判力,失去了想象力,我们只能“月亮走,我也走”,“不知道,不知道,我不知道”,或者模仿几句“Yes!”“哇噻!”——据有资料称,“哇噻”原是台湾土著民的一句下流话,现在借助电视居然成了时尚,酷男靓女动不动就是一句“哇噻”。

这倒也罢,萝卜青菜各有所爱。现在令人担忧的是,本来由印刷文字拉起的成人与儿童的屏障,现在由网络图像一把扯光,“开屏”未必全都有益。文本可以人为地限制和控制其编制、出版与阅读,对儿童关闭了许多“不宜”进入的信息窗口,从而为教育的针对性和选择性提供了方便。网络图像却不分对象“敞门入场”，动感、刺激的画面和游戏迎合了所有人的猎奇、娱乐天性，而血淋淋的凶杀、令人肉麻的色情、故意渲染的惊险等，很容易激起人（尤其是涉世不深的年轻人）本来被道德紧锁的兽性本能，比如以往讳莫如深的性就“从一个隐秘深奥的成人之谜被改造成为一个可供人人享用的产品，像漱口液或腋下除臭剂一样”①。留心一下全国的青少年强奸杀人案，有多少不是与网络有关！如今，遍及全国城乡、对学校成包围之势的大大小小的网吧，吸引了大批缺乏自控能力的大中小学生，许多人已经沉迷其中而无法自拔，滋生了一系列恶性犯罪事件，弄得全社会忧心忡忡，许多有识之士为此而痛心疾首、慷慨陈词，而我们的教育却束手无策、徒唤奈何。

当然，相对于“读文时代”，“读图时代”无疑是人类社会的一个新的进程。作为学校教育，既无法改变，也无法逃离，只能无可奈何地面对这样的尴尬局面：“人们不再认为教育应该建立在缓慢发展的铅字上，一种建立在快速变化的电子图像之上的新型教育已经出现在我们面前。……像字母和印刷机一样，电视通过控制人们的时间、注意力和认知习惯获得了控制人们教育的权力。”波兹曼更是进一步指出，“电视对教育哲学的主要贡献是它提出了教学和娱乐不可分的理念。”具体说就是提出了三条戒律：一是“你不能有前提条件”——“不能说学习是循序渐进的，也不能强调知识的积累需要一定的基础”；二是“你不能令人困惑”——“不能有任何需要记忆、学习、运用甚至忍受的东西……最重要的是学习者的满意程度，而不是学习

① 尼尔·波兹曼著，吴燕莛译：《童年的消逝》，广西师范大学出版社 2004 年版，第 193 页。

者的成长”；三是“你应像躲避瘟神一样避开阐述”——“所有争论、假设、讨论、说理、辩驳或其他任何用于演说的传统方法都是电视教学的敌人”。[①]

试想，这样的教育和教学意味着什么？娱乐！方式是娱乐，内容是娱乐，目的也是娱乐，而且是一种当下的、瞬间即逝的娱乐。难怪尼尔·波兹曼的书名就叫《娱乐至死》！在国内，有人把“读图时代”称之为“文化退行”，说“人们正在欢呼‘读图时代’和‘读碟时代’的到来，满足于成为一个看图识字的‘无脑分子’……‘哈图族’大量涌现，图书市场被各种‘插图本’和‘漫画本’所占领，视觉话语正在替代文字话语，成为文化的主流形态。这无疑是最深层的弱智，它把语言推回到了原始的‘象形时代’”[②]。大概正因为如此，尼尔·波兹曼在《娱乐至死》一书的最后特地指出：“我们正处于教育和灾难的竞赛之中。”因为将来也许“人们感到痛苦的不是他们用笑声代替了思考，而是他们不知道自己为什么笑以及为什么不再思考”。他急切地要求教育家们要有“媒介意识”，这种意识不是集中在“我们怎样利用电视（或电脑，或文字处理机）来控制教育”，而是“我们怎样利用教育来控制电视（或电脑，或文字处理机）”，呼吁“学校应该把这样的任务纳入课程之中，甚至成为教育的中心”。[③]

三

“利用教育来控制电视（或电脑，或文字处理机）”，这或许比“利用电视（或电脑，或文字处理机）来控制教育”尤为艰难，而

① 见《娱乐至死》，第 189～192 页。

② 朱大可著：《守望者的文化月历》，花城出版社 2005 年版，第 121 页。

③ 《娱乐至死》，第 210 页。

“把这样的任务纳入课程之中”则是难上加难。然而我们并非一定要刻意寻找全新的利器（何况现在似乎也没有），立足现行课程，寻求传统与时尚的兼容与制衡也许不失为一种思路。于是，我们不妨再回到文本。

《圣经》中摩西对以色列人有十诫，其中第二诫是“不可为自己雕刻偶像，也不可作什么形象，仿佛上天，下地，和地底下水中的百物”（《旧约全书·申命记》），据说其用意是犹太人的上帝存在于文字中，或者通过文字而存在，这需要人们进行最精妙的抽象思考，付诸图像是亵渎神祇的表现。可是现在，在汹涌而来的图像信息大潮中，在某些“新生代”教师凭借多媒体的表现和表演而身价倍增的诱惑中，文本教材黯然失色，准确把握和使用文本教材就像一件换季服装被悄然撤出，传统的课堂教学思想和方法某种程度上就意味着落后而弃之如敝屣。

其实，印刷文字渗入了社会肌体的每一个细胞，决不会像风吹云散一样轻而易举地消逝，纸质媒体的潜在影响还远没有终结，文本教材至少在今后相当一段时期内还是课堂教学的主要媒体，其他媒体还只能处于“辅助”地位。我始终认为，语言统治、书写统治、视图统治也好，文本教学、图像教学、网络教学也好，恐怕都不是单纯线性的更替取代关系，后者的出现并不意味着前者的全部废弃，而是包含前者在内的承续、汇聚和扩展。就说现在课堂上的多媒体画面，有些就是简单替代——将课本上的文字符号转移到电视画面上，只不过将视线由课本转移到了屏幕上，画面切换代替了翻书；有些是将教师讲述的内容打出来，相当于传统的小黑板；即便是图像画面吧，对它的解读、描述同样是采用了语言文字形式，本质上依然是文本。况且就课堂教学而言，它还是一个审慎的、缓慢的渐变过程，不是说变就变、想怎么变就能怎么变的。

首先，课堂教学是以文本作为关系纽带的，离开了文本就意味着课堂的解体。现在，远程教育已经开通，电视课程也很普遍，为什么作为学校教育的课堂依然会长期存在？就因为课堂上教师和学生之间存在策动与回应、讲解与反馈、质疑与解答、要求与评价等多种互动关系，彼此肉身接近，那种息息相通的交往、交流是任何图像传输和远程教育所无法做到的。在这诸多关系中，一方面，联结师生的物质载体是大批量印刷的教材，教材限定了教师教和学生学的范围，也制约着教学目标的确定和教学效果的检测；另一方面，在课堂上，师生之间交往和交流的媒介基本上都是语言，无论是口头语言还是书面语言，又都与印刷技术造就的文本形式高度一致，并且与文本教材有着内在联系。甚至课堂教学中人的特定身份——已经成为“文化人”的教师和逐步走向“文化人”的学生，也是印刷文本塑就的，因为印刷术，“不仅欧几里得，还有天文学、解剖学和物理学的书籍都可供所有有识字能力的人享用。新形式的文学作品随手可得。《圣经》随手可得。商业文献随手可得。有关机械、农业和医学的实践经验的书籍也随手可得。在100年里，一个全新的符号环境建立起来了。这个新环境使世界充满了新信息和抽象经验。它要求人们有新技术、新态度，尤其是一种新的观念才能生存。……简单地说，所发生的一切意味着‘文化人’（Literate Man）已经诞生了。”①

其次，课堂教学是以“文”的传承为旨归的，离开了文本课堂教学就失去了存在的意义。人从古代的混沌懵懂，走向现代的文明理智，文字和印刷术的发明有着不可磨灭的历史功勋，因为原先的口语

① 《童年的消逝》，第52页。

媒介使信息瞬间流失，无法留存，正是赖了文字借助印刷而成为文本，本来无影无形、一过即逝的口头语言才终于能够被“挽留”、定格、物化，累积而成为洋洋大观的人类文化宝库。也正是借助于文本典籍，现代门类繁多的学科知识才得以传布、丰富和发展，人类社会才得以步入快速的文明进程。课堂教学的核心任务就是保证人类文明能够最全面、最系统、最有效地一代传一代，生生不息，这一任务归根结底是基于文本的。毋庸置疑，千百年来保存在印刷典籍中的人类知识由于文字符号的极端稳定，导致文本资料表面上的抽象、僵化、乏味（拼音文字比中国的象形文字尤甚），然而，有许多事物的缺点也就是其优点，比如文本资料，正因为其千百年的“一成不变”，才显得更为本真和恒定，同时也才具有更大的信息包容量和历史真实感，从而能蕴含深刻的思想内容，给人以巨大的解读余地和无限的想象空间。文学固然，像杜甫诗句“无边落木萧萧下，不尽长江滚滚来”中“落木萧萧”“长江滚滚”偏旁部首的巧用（“木”与“萧萧”的部首，“江”与“滚滚”的偏旁），像李清照词中“寻寻觅觅，冷冷清清，凄凄惨惨戚戚”七组入声叠字的情感意蕴，千百年来让人把玩不尽，这便是文本的魅力。科学亦然，像那些深刻的理论思想和复杂的科学道理，除了发现者和发明者，常人本来是无从知晓的，也正是借助通用语言中词义的匹配组合和词序的恰当排列，并且印刷成文本，结果不但表达得准确、完整和严密，而且让常人能够读懂读通，进而得以传播和普及。

再次，课堂教学本身就是文本的产儿，离开了文本就等于断了根基。文字符号能把一次性的、飘忽的口头声音转换成恒定的、静止的视觉符号，能把混杂的、无序的信息整体拆解成线状排列的、有序的信息链，这就为文化传承提供了极大的方便，社会呼唤与之相应的传承机制，于是教育也就应运而生：文本资料可以借助印刷技术成批印制，可以采用仓储式方法集中保存，于是，教育可以告别苏格拉底式的“游说”状态，得以在固定的地点，采用集中的方式进行，各种类型、各种级别的学校也就相继诞生而且延续至今；文本资料可以打破时空界限，将不同时代、不同地域、不同对象的文本加以拼接、组装、改造，进而衍生出新的文本并进行传授，于是，教育打破了早期的极少数人的垄断，出现了一批专门“经营”文本资料拼接、组装、改造、传授的人员——教师；人类的知识和认识本来是整体的、混沌的，有了文字符号和印刷技术，就可以进行分解、切割，不同的事物或不同的思想可以“分筐”，于是围绕某一专门事件或思想的若干文字合在一起便是一本专著；一本专著是一个整体，还可以按照时间、空间或内容进行再分解、再切割，这就有了章、节、段。正是在这样的背景下，学校教育中的学科分割、课程编制、学制安排才既有必要、也有可能进行，教师讲授时也才能十分方便地进行知识配置和程序安排。现在，只要我们留心一下学校教育，从教育目标到教育制度、课程体系，从教学内容到教学方法、考试评估……所有这些都是基于文本的，离开了文本简直无法想象。所以波兹曼说：“自从有了印刷术，未成年人必须通过学习识字、进入印刷排版的世界，才能变成（原著为黑体字——引者）成人。为了达到这个目的，他们必须接受教育。”①

因此，要真正提高课堂效率，不能不重视文本。这种重视，不是盲目地排斥图像，死守文本，也不是传统意义上的“吃透教材”、一味阐释微言大义，而是冷静地、科学地把握文本和图像的辩证关系，

① 《童年的消逝》，第53页。

进一步发挥文本的固有功能，为学生营造一个心灵的港湾，不要让学生一脚踏上图像世界的“无缆之舟”就随波逐流，在无关信息或恶质信息的汪洋中打旋、颠簸，甚至沉没。更重要的还在于，要利用千百年来文本所赋予人类的道德感、理智感、责任感、美感去自主驾驭网络图像，凭借文本所造就的思维的程序性、逻辑性去发展学生的想象能力、表达能力、交往能力、分析能力、批判能力，让学生能具备扎实的文化根基，从而能顺利地度过文化上的“儿童期”，进入“成人”世界，在未来万花筒般的图像世界中，依然具有理智、道德、真诚、善……一句话：让生命熠熠生辉，而不是“娱乐至死”。

70年前，奥尔德斯·赫胥黎在他的科幻小说《美丽新世界》中曾经警告人们：在一个科技发达的时代里，造成精神毁灭的敌人更可能是一个满面笑容的人，而不是那种一眼看上去就让人心生怀疑和仇恨的人。……如果一个民族分心于繁杂琐事，如果文化生活被重新定义为娱乐的周而复始，如果严肃的公众对话变成了幼稚的婴儿语言，总而言之，如果人民蜕化为被动的受众，而一切公共事务形同杂耍，那么这个民族就会发现自己危在旦夕，文化灭亡的命运就在劫难逃。[①]

谢天谢地，但愿赫胥黎的警告最终能够成为谎言，至少不要在我们身边上演。

（原载《江苏教育研究》2008年第1期）

① 参见《娱乐至死》，第202页。

漫话“教学反思”

——兼读黑格尔《小逻辑》前25节

近年来，尤其是基础教育课程改革以来，“反思”“教学反思”，已经成为十分流行的术语。“教学反思”的迅速普及固然标示着教学改革的进一步发展和深化，但在耳熟能详的一片“反思”声中，恐怕难免有囫囵吞枣、人云亦云之嫌，因此有必要对“反思”和“教学反思”本身不断加深理解和认识。

一

有人说首先使用“反思”的是加德纳，也有人根据“经验＋反思＝成长”这一著名公式推断是波斯纳，其实可能都不尽准确。根据现在我所接触到的有限的资料，“反思”好像出现得更早，在冯契主编的《哲学大辞典》和权威的《辞海》中，均有“反思”词条，释义相近。《辞海》中作这样解释：“西方哲学中通常指精神的自我活动与内省的方法。洛克认为经验按其来源可分为感觉与反思，前者即外部经验，后者即内部经验；反思是心灵以自己的活动作为对象而反观自照，是人们的思维活动与心理活动。黑格尔对反思的用法，基本上有三种：(1) 与‘知性’混用。(2) 与‘后思’混用。(3) 专指将统一体分裂为对立面的二重性活动，居于知性与理性之间。”[①] 可见含义比较复杂。黑格尔使用“反思”比较集中的著作是《小逻辑》（主要在前25节），译者贺麟先生这样解释：“‘反思’德文作Nachdenken，英文作Reflection，直译应作‘后思’，实即反复思索，作反复回溯的思维之意。人对感觉所得的表象材料，加以反思而得概念，犹如反刍动物将初步吃进胃中的食物，加以反刍，使可消化。”[②] 现在，“反思”冠之以“教学”，成为“教学反思”，这或许既是一种“迁移”——将哲学领域的概念迁移到教学领域，也是一种融合——将西方哲学思想与我国传统文化沟通融合。明确了这一点，也许会有助于我们更准确地把握“教学反思”的内涵与特性。

教学反思是以自身教学为对象的回溯性思维。冯友兰曾说：“所谓反思就是人类精神反过来以自己为对象而思之。”[③] 据此，我认为，教学反思固然不排斥对他者的审视，但主要是对自身教学实践的“回头看”。在这里，反思的“反”是与“返”相通的。但是，作为反思的“回头看”，不是自恋式地沉迷于自己过去的“辉煌”，不是排他性地固守自己的教学惯习，也不同于总结和推广过去的成功经验，而是一种自我审视、自我剖析、自我提升，是在无问题的地方看到问题，在成功的背面发现失败，在有功效的外表下认识到无意义。

反思意为后思，但黑格尔却又说：“**后思**（Nachdenken反复思考）——一般讲来，首先包括了哲学的原则（原则在此处兼有原始或

① 《辞海》，上海辞书出版社2000年版，第320页。

② 贺麟对“要获得对象的真实性质，我们必须对它进行反思”所作的脚注。见黑格尔著，贺麟译：《小逻辑》，商务印书馆1994年版，第74页。

③ 冯友兰著：《中国哲学史新编》（上卷），人民出版社1998年版，第10页。

开端的意义在内)。”（原著中“后思”加了着重号，现改用黑体字表示，下同。——引者)[①] 哲学，黑格尔曾将其形象地比喻为直到黄昏才起飞的智慧女神的猫头鹰。但在此处，黑格尔为什么又明确指出，反思包括了“原始”和“开端”的含义？我的理解是，作为哲学范畴的“反思”，不是简单的回头看，而是要“回溯”——追根溯源，探究万事万物的根本前提和依据，是一种终极性的追问，这就与一般的“回忆”“回顾”“回想”等有了根本区别。

教学反思是以重建为旨归的颠覆性思维。所谓“颠覆”，并非是简单的一次否定，而是像恩格斯所说的否定之否定，这里的“反”，既有推翻的意思，又有反复的意思。黑格尔在定义“反思”时规定了一个十分关键的含义——反复，什么意思？或许他们自己最能说明。据说柏拉图曾 7 次修改他的国家学说，而黑格尔则声称，只要他有自由的余暇，他将把《逻辑学》修改 77 次。教师教学，就某一个教师而言，它是一个需要不断改进、不断完善的实践行为，永远不可能完全定型；就教师群体而言，它又是一个在统一要求下允许并鼓励教师个人充分发扬创造精神的实践活动，群体内个人之间没有绝对的可比性，因而也就没有严格意义上的最优化。因此我认为，教学反思就绝不是简单的“一分为二”，也不是一次性地评定优劣，而是一种连续的、不间断的，甚至是永无止境的批判性的思维活动。

在反思过程中，虽然有批判、有扬弃，但从根本目的上来说，反思不是、至少主要不是为了推翻或否定，也不只是为了维护或稳定，而是为了重建。就某一种教学方法而言，很难说有什么好坏优劣之分，关键要看在什么情况下使用，怎么使用。就是某些教学理念，也

---

① 黑格尔著，贺麟译：《小逻辑》，商务印书馆 1994 年版，第 45 页。

不能孤立地、绝对地判定其先进还是落后，其实并没有至善至美的教学理念，更没有拥有至善至美教学理念的教师。教师的教学反思，其根本目的应当是建构，无论是信仰理念，还是实践行为，它都有一个发展的“谱系”，谱系是一个由各种要素组成的结构化的整体，教学反思就是促进教学理念和教学行为这个谱系的嬗变与重构，并努力向着理想的方向演进。

教学反思是以自省为主要形式的内隐性思维。对于反思，我国古代固然没有这一明确的表述，但并不等于没有这样的思想。《古诗源·书车》有“自致而反”，对其中的“反”注为“圣贤反己之学，不肯自恕”，《孟子·公孙丑上》中有“自反而缩”，《论语》中有曾子的“吾日三省吾身”，这些显然就是自我反省的意思。尽管这些还都是古代圣贤提倡检点自身言行、注重人格形象，与西方哲学范畴的“反思”有着明显的差距，但其中反观自照的思维方式与“反思”还是相通的。至于老子在他的《道德经》中说，“夫物芸芸，各归其根”，因此他主张“致虚极，守静笃。万物并作，吾以观复”。这里的“观复”，就包含向万事万物的大根本返回与依归的意思，与西方的“反思”基本切合。所以，作为“反思”的哲学概念是一个舶来品，但作为体现这一思想的反省却在我国的传统文化中源远流长。

有学者指出：“反省是教师专业发展和自我成长的核心因素，它是由经验型教师向专家型教师转化的核心要素。”[①] 反省是一个复杂的、隐蔽的心理过程，在这个过程中，有新旧观念的激烈交锋，有功利得失的价值判断，有何去何从的行为抉择，但这些主要是在心灵深

---

① 朱小蔓著：《教育的问题与挑战——思想的回应》，南京师范大学出版社 2000 年版，第 337 页。

处展开的，大多秘而不宣，外人看不见摸不着，甚至拒绝他人窥视或探询。现在，不少人将写教后记、教学随感等同于教学反思，有些学校还对写教学反思作出了一些硬性规定，这实在是一种误解。反思是“思”，不是“书”，反思的成果可以诉诸书面形式，但线性等距离排列的书面文字符号绝不能代表立体化的反思过程，更不能反映教师在反思过程中难以言状的情感体验。如果过分强调写，甚至简单化地用字数去考量教师的反思，则很容易将本应深刻而持久的内在思维品质异化，搞成一堆格式化的文字垃圾。

二

黑格尔认为“从事情到知识的过渡”“是透过反思造成的”，所以他说“哲学的认识方式只是一种反思，——意指**跟随在事实后面的**反复思考”①。但我们是否就可以将实践行为和反思机械地分成两段，前一段是纯粹的实践行为，后一段是纯粹的理性反思？恐怕不能。依我看来，黑格尔所说的“过渡”“跟随”，只是就思维材料或对象和思维形式的关系而言，并非限定了两者之间的时序。换句话说，实践行为和反思思维并没有严格的时间上的先后顺序，反思往往贯穿了实践的所有方面和全部过程。

教学前的反思。有人会问，教学行为尚未发生，怎么会有反思？当然有。我们知道，教师的教学行为，绝不可能都是从零开始，即使是刚刚走上教坛的新教师上第一节课，他也不是从零开始，总有他的前经验、前习惯。因此，在任何一个具体的教学活动开始之前，他都有必要对自己已有的教学观念和行为策略加以审视和检点，并在此基

① 黑格尔著，贺麟译：《小逻辑》，商务印书馆 1994 年版，第 7 页。

础上设计自己的教学方案，每一个教案的制定过程实质上都是一个包含了反思的过程。反思性思维自觉程度较高的教师，其教案也许就更科学、更完备、更切实可行；反之则可能不尽如人意，甚至会无的放矢、徒有形式，严重影响教学目标的全面达成。

教学中的反思。教学是一种教师和学生共同参与的创造性活动，是在定式中充满变式、无序中蕴含有序的复杂过程。所以，教师在教学过程中，必须按照设定的教学目标，凭借自己的经验积累，随时随地调整自己的教学思路，改变自己的教学策略，从而既保持课堂教学的连续性，又反映课堂教学的生成性。然而，这里的“调整”和“改变”，绝不是随心所欲，也不是无中生有，而总是融入了教师自己的智慧和经验，这种智慧和经验的现场运用，无论教师自己意识到还是没有意识到，其实都或多或少是一种反思性思维的结果，只不过成熟的、优秀的教师能够在瞬间作出最恰当的选择和决策，从而使课堂精彩纷呈，而拙劣的教师往往不知所措，或者事与愿违，从而影响课堂教学的进程和效果。

教学后的反思。顾名思义，这是在教学行为结束之后进行的反思。教师上完了一节课，或者完成了某一阶段的教学任务，用批判和审视的眼光看待自己的行为事实，自觉进行自我解剖、自我批判，探究失误背后的机理和缘由，在此基础上寻求新的思路和策略。这是现在最常见的形式，客观地说，也是反思最关键的环节。有些优秀教师，往往还会自觉地进行第二次设计，及时地将反思成果立即反馈到自己的教学理念和实践行为中，返回到教学前的反思，从而形成一种循环往复、逐级提升的反思链。许多人都说，反思是教师成长的必由之路，应当是就这一种完整意义上的反思而言，而不是某一个孤立环节上的片刻反思。

三

技能反思。所谓“技能反思”，是指对教学器具制作使用和教学方法选择运用的水平和能力的反思，其时间跨度一般不很大，比如一节课、一个教学环节、一个具体的教学任务等。对于教学，最直接的感受就是课上得顺当不顺当，有没有完成预定的教学任务。如果一节课上得疙疙瘩瘩，甚至上砸了，教师首先考虑的是，教具准备是否充分？使用的时机和演示的方法是否恰当？教学程序的设计是否合理？运用了哪些教学方法？这些教学方法运用的时机和场合是否科学？运用得是否娴熟？……这些就是反思，是一种最基本、最基础的反思。近年来不少人（包括本人在内）曾主张教师不能当“教书匠”，而要真正成为人师。现在想想，这种想法似乎还是有些简单化。作为“匠”——掌握基础知识和基本技能——这个层面，可能对任何职业来说都是一个基础层面，比如球员的球感、演员的乐感、中医把脉的手感，等等。民间很看重“业精于勤”“熟能生巧”，其实一旦成为能工巧匠很多就是专家。每个行业，如果技能层面的功夫不扎实，永远都无法攀升到较高的层次。所以，技能层面的反思绝不是可有可无，而是反思的起点和基点。立足技能又超越技能，教师就能不断进步、日趋成熟，仅限于技能而不能超拔，就只能停留在“教书匠”，企图绕过技能层面而“脱颖而出”，只能眼高手低，终究难成大气候。

成效反思。所谓“成效反思”，是指对教学成绩和效益的反思，其时间跨度一般较大，比如一个教学单元、一学期、一学年等。教学作为一种教育实践活动，它必须由目标、操作、检测、反馈构成一个闭合的、可以螺旋上升的链式体系，否则就谈不上什么教学管理。成效反思是借助于教学检测而进行的，而检测的主要形式就是考试。以前有人反对考试、反对百分制，其实，考试也好，分数也好，都只是一种手段和工具，无论是过于迷信而热衷于统考，还是因其弊病丛生而主张统统取消，可能都失之偏颇，关键要看人——教师，看教师在教学检测过程中的地位、态度和作用。教师如果被排斥在考试检测之外，只能在最后接收一个冷冰冰的数据或鉴定，甚至与自己是否在岗还是下岗挂钩，那这种考试无论对教师还是学生都是一把杀人不见血的刀子；倘若不是这样，教师是以主人的身份和学生一起积极参与到考试检测过程之中，并透过检测的内容和结果各自反思教与学的得失成败，那无论什么形式的考试和检测都是教师和学生成长发展不可或缺的参照和依据。一个教师，如果能持续不断地通过平时的作业、测验以及阶段性的考试、考查，深入地进行成效反思，探究教学行为和教学成效之间的联系和机理，寻找一些规律性的东西，那就能一步步迈向成功，从“匠”向“师”攀升。

意义反思。所谓“意义反思”，也可以说是一种哲学反思，其时间跨度一般较长，甚至能贯穿一生。比如刘铁芳先生曾经提出了一个尖锐的问题：“魏书生在长达十多年的一段时间里，他校长书记一肩挑，上两班语文课，另有 30 多个兼职，经常外出开会讲学，还做两个班的班主任，现在担任了教育局长的职务。但他依然干得出色，轻松潇洒，这其中难道没有问题吗?”有！比如说作文，“他对作文的理解重点有两个，一是怎样通过各种技术化的手段把文章写成符合标准格式的文章，二是思想教育。他根本就没有越过教学大纲的规定去对基础性的问题作深入的反思”。有人以为这是肆意否定专家权威（幸好好像还没有听说魏书生本人怎样），其实不然。刘铁芳先生明确指出：“这种反思所针对的并不是他本人，而更包括我们每个人在内的整个社会的教育期待。”[①] 在我看来，这恰恰是一种意义反思——无论多高的技能、多好的绩效，它的意义何在？这丝毫不意味着对魏书生的不恭，恰恰是对魏书生生命意义的关注，是在哲学层面的深刻反思，既是一种最高层面的反思，也是一种根本性的反思。惟其如此，教师才能真正摆脱庸众、超越自我。遗憾的是，像这种真正意义上的教学反思现在似乎还不多见，刘铁芳先生也只是借助于他人的材料所进行的反思，还不是严格意义上的自我反省。像著名社会学家费孝通先生，晚年写反思文章，“看看自己思想的来路和过程，看看写过什么，为什么那么写，写得对不对，哪里不对，为什么”，因而悟出，“我过去有关社会学的研究工作最大的缺点是见社会不见人……我的缺点就在只讲了社会生活的共相而没有讲在社会里生活的人的个性”。[②] 大师就是大师，几句话就道出了反思的真谛。所以上面刘铁芳先生的那番话如果出自魏书生自己之口，那可真是会让人高山仰止、景行行止的，因为那会使他实现一次新的飞跃，出现一个与过去的魏书生迥异的魏书生。而这，又是我们多数人难以做到、因而不能过分苛求于魏书生的，因为毕竟“人类精神的反思是人类精神生活达到很高的阶段的产物”[③]。

当然，技能反思、成效反思、意义反思，只是为了叙说的方便，其实很难截然分开。反思是一个连续性的、多层面多角度的、整体化的复杂过程，绝不可能、也不应该分割成单一的、孤立的思维碎片。但同时，作为在某一特定时间、特定场景中的反思，又是有着特定的对象和目的，因而总是有所侧重的。

---

① 刘铁芳著：《守望教育》，华东师范大学出版社 2004 年版，第 61、65、66 页。

② 张冠生：《晚年费孝通记略》，《随笔》2005 年第 6 期。

③ 冯友兰著：《中国哲学史新编》（上卷），人民出版社 1998 年版，第 16 页。

四

自觉——教学反思的内在动力。教学反思绝非被动应付地交差。黑格尔指出："反思既能揭示出事物的真实本性，而这种思维同样也是**我的**活动，如是则事物的真实本性也同样是**我的**精神的**产物**……也可以说是完全**自己存在着**的我或我的**自由**的产物。"[①] 反思应当完全是在自主和自由的状态下进行的，不存在别人要我反思我不得不反思，也不存在我替别人反思（虽然有时我们可以将他者的言行作为反思对象，但这种反思不是为了取代他者的反思，或者将反思成果强加于他人，而是同样为我的认识与实践服务，所以同样是"为我"的反思）。这正如有学者所指出的，教师反思"不同于一般的对象性思维，所观照的不是外在客观对象，而是自我，是对'思'的'思'，是一种反省与评价，一种人的自我认识或自我理解、自我激活的可能方式"。[②] 现在有些教师，自己缺乏反思意识，只把反思当作一种时尚，于是就找人"帮"自己反思，这就实在不可取了。没有自觉态度和自为精神，反思就缺乏原动力，即便有一些形式上的所谓"反思"，既不能为改变自身的实践行为提供依据，也不能为更新自己的思想观念提供资源，充其量，只能是应景和装扮，对自身的专业发展不会产生多大的影响。

经验——教学反思的必要前提。教学反思绝非空疏抽象的玄思。黑格尔说："当这种反思在近代（即在路德的宗教改革之后），取得**独立**，重新开花时，一开始就不是单纯抽象的思想，如像希腊哲学初起

① 黑格尔著，贺麟译：《小逻辑》，商务印书馆1994年版，第78页。

② 柳夕浪：《教师需要什么样的教育研究》，《教育研究与实验》，2001年第3期。

时那样和现实缺乏联系，而是于初起之时，立即转而指向着现象界的无限量的材料方面。”[①] 又说：“**经验**的原则，包含有一个无限重要的规定，就是为了要接受或承认任何事物为真，必须与那一事物有**亲密的接触**。”而“以经验为出发点……所欲达到的主要目标，所欲创造的主要成绩，在于求得**规律、普遍命题**，或一种**理论**，简言之，在于求得关于当前事物的**思想**”。[②] 如前所述，教学反思是一种以教学为对象的“后思”，它就必然是来源于实践并服务于实践，因为人要实践，他就要为实践寻找根据——科学根据、利益根据、伦理根据、价值根据、信仰根据，等等，他要凭借这些根据来选择、确认、拒斥或辩护自己的行为策略。马克思主义借用“反思”这一术语，也是基于唯物主义的立场，“用以指人们在实践活动基础上对获得的感性材料进行思想加工，使之上升到理性认识这一过程”[③]。因此，教师必须十分珍视自己的已有经验，这种经验，既包括带有理性成分的对以往经历的概括与总结，也包括未经加工的当下现场的故事和感受。可以说，只有基于实践，且明确宣称是为实践服务的教学反思，才是真正意义上的教学反思。我们有些教师，要么嫉妒别人的成功而抱怨自己生不逢时，要么羡慕别人的优秀而自惭形秽、自甘落后，忽视或者鄙薄自己的实践经验，这就等于轻易放弃了自己的“原始积累”和“传统产品”，即使想发展又从何发展？

思想——教学反思的根本保证。教学反思绝非就事论事的泛议。黑格尔说：“反思作用总是去寻求那固定的、常住地、自身规定的、统摄特殊的普遍原则。这种普遍原则就是事物的本质和真理，不是感

① 黑格尔著，贺麟译：《小逻辑》，商务印书馆1994年版，第45页。

② 同上，第46页。

③ 冯契主编：《哲学大辞典》，上海辞书出版社，第337页。

官所能把握的。”“经过反思，最初在感觉、直观、表象中的内容，必有所**改变**，因此只有通过以反思作为**中介**的改变，**对象的真实**本性才可呈现于意识前面。”他还说：“我们可以用种种不同的方式去认识真理，而每一种认识的方式，只可认作一种思想的形式。……反思的方式用思想的关系来规定真理。”① 反思是人特有的思维方式，之所以特有，就因为人有思想，而之所以有思想，是因为人有主体意识和批判精神。教师之所以要反思，就是因为他们不愿老是“重复昨天的故事”，而是有自己的价值追求，有自己的理想信念，他们也不愿老是停留于直观表象，而是想形成自己的理念和信仰，这既是反思的潜在动因，也是反思的现实力量。但是，有这样的愿望是一回事，能不能实现这样的愿望又是另一回事，这在很大程度上取决于有没有自主建立的、扎根于自己深刻认识基础之上的思想，借用黑格尔的说法，倘若没有思想来“统摄”和“规定”，反思的任务绝难完成。思想既不能移植，也无法让度，只能自主建构，根基就在于自身的科学素养和理论素养。现在有不少教师，由于各种主客观原因，读书的范围不广、兴趣不大、钻研不深，满足于一般的网络浏览和报刊泛览（当然也需要），被平面化的信息泡沫弄得晕头转向，没有气力沉下去进行定点挖掘，因而缺乏主见，不会辨析，也就很难有真正意义上的反思。说到底，教学反思总是在对照和对话中进行和实现的。所谓“对照”，一是将现在的我与过去的我加以对照，一是将自己与同伴（尤其是优秀者）加以对照，一是将自己的教学行为与教学理论加以对照，再就是将不同时代、不同地域的教学理论和行为模式加以对照，这就要求教师有广阔的理论视野，有明确的取舍标准。所谓“对话”，

---

① 黑格尔著，贺麟译：《小逻辑》，商务印书馆 1994 年版，第 76、87 页。

当然包括同事间、上下级间、师生间，以及与理论工作者之间的当面沟通与研讨，但更重要的是通过文本跨越时空限制与大师对话，这就要求教师养成自觉的研究习惯、阅读习惯。从根本上来说，教师不应当是为了反思而反思，反思的最终目的是为了获得教育智慧，这与西方先哲将哲学定义为“爱智慧”是完全一致的。由此可以说，建立在坚实的思想基础上的反思是教师真正堪称“人师”、乃至终成大师的根本保证，而缺乏独立思想，只流于形式的“反思”最多只能滋生一些小聪明，“这种小聪明只对于某一些事象有一定的应付能力，但对于那普遍的力量和整个客观的现实却不能掌握”①。

（原载《课程研究》2006 年第 2 期）

① 黑格尔著：《精神现象学》（上册），商务印书馆 1979 年版，第 132 页。

深度开掘与平面铺陈

——也谈关于《一夜的工作》中一段文字的解读

以下是一位教师教《一夜的工作》（人教版小学语文第十一册）的教学片段：

师：请大家注意“宫殿”这个词语，由这个词语你联想开去，这座高大的宫殿式的房子曾经是谁住过的地方？

生：可能是大官住过的地方。

生：可能是末代皇帝溥仪。

师：这里是清朝的最后一个摄政王载沣住过的房子。你们再想，这座“宫殿”里曾经有过哪些陈设？

生：珍奇的古董。

生：西洋沙发。

生：黄金做的器皿。

生：奇花异草，山水盆景。

生：高档的红木家具。

师：你们的猜想完全合理。但是，当这座高大的宫殿式的房子成为周总理的办公室，我们看到的却是——

生：（齐读）“室内陈设极其简单，一张不大的写字台，两把小转椅，一盏台灯，如此而已。”

师：你是带着一种怎样的心情读这句话的？

生：……

师：如今，这座高大的宫殿式的房子成了周总理的办公室。周总理，一国的总理。你们想想，他的手中握有多大的权力啊！而他的肩上又有多重的担子啊！对于总理办公的地方，你们觉得应该有些什么？

生：沙发、字画、文房四宝、很大的办公桌、水晶吊灯……

师：你看到了真皮沙发吗？你看到了文房四宝吗？你看到了水晶吊灯吗？没有！应该有的什么都没有！……

这一片段已经见诸多家教育报刊，可以说好评如潮。有代表性的如：

老师抓住“宫殿”这个很容易被忽略的词语，引导学生以“宫殿”为圆心，展开想象，对文本进行辐射性解读。……这段“宫殿”辐射性解读，上联下缀，力透纸背，把文本解读变得是如此的“饱胀”起来。

这里就涉及一个问题：什么是语文的文本解读？在小学语文课堂教学中——这是本文讨论的出发点——又如何进行文本解读？这可能牵涉到语文的学科性质和教学要求。

关于语文的学科性质和教学要求，北京大学中文系教授温儒敏有一段话：“从学科来讲，语文包括‘语言学’和‘文学’两部分，语言学比较接近科学，而文学则是艺术，前者偏重工具性，后者则偏重人文性。……对大多数学生来说，提高读写能力是他们学习语文的起码要求，先要学会掌握语言表达的工具，然后才是审美呀、素养呀等等方面的要求，后者相对是比较'奢侈'的东西。"[①] 对于温教授的这段话，每个人也许会有自己的看法，不能强求人人都赞成。但不管怎么说，语文作为一门学科，恐怕总有自己的边界，倘若没有边界，那就"无法无天"了。因为有边界，它就只能是语文，它不是政治、不是伦理、不是历史、也不是社会（尽管在它的内容中包含有这些因素），所以也就只能承载语文学科的教学要求，而不能包打天下。比如温教授所说的"读写能力"就是一项基本要求，这大概是没有疑义的。这样说来，小学语文教学的文本解读就不能离开"语文"，盲目地抓住任意一点去"发散"、铺陈，而应当从学科特点和教学要求出发，紧扣主题，求精求深。

首先，标题是课文的核心和灵魂。每一位作者，当他构思一个作品，或者完成一个作品时，标题总是优先考虑、甚至可以说是放在第一位考虑的问题，因为标题标示了作者写作的主旨，标题是作品的灵魂。所以，文本解读也好，教学实践也好，如果忽视了标题，弄不好就会离题、就会"掉魂"。这篇课文的标题是什么？《一夜的工作》。从语法的角度看，这是一个偏正结构，其中心词是"工作"。由此我们不妨揣度一下，作者的意图是什么？一滴水见太阳——通过作者自己亲身经历的周总理一夜的"工作"，想见周总理有多少个这样的"一夜"，做过多少像这样的"工作"，从而感受周总理那种"鞠躬尽瘁为人民"的崇高精神。因此，通篇课文的中心应该是"工作"，"工

① 载《光明日报》2006 年 8 月 30 日第 6 版。

作”是课文的核心，也是我们进行文本解读的“圆心”，当然也是我们所有教学活动须臾不能偏离的“中心”。

紧扣这一标题，抓住其中的中心词“工作”，我们也许就能洞察其内在的逻辑联系，对课文中的这段话也就有了更深的理解。“一张不大的写字台”——写字台不大，但它的上面却堆放着一尺多高的文件，几乎每夜都是一尺多高的文件，每份文件都事关国家人民的根本利益。写字台不大，可它承载的分量该有多大，“工作”的意义该有多大！“两把小转椅”——这是专为访谈者、咨询者准备的，批阅每份文件，不是马马虎虎的浏览，更不是不负责任的“葫芦僧判断葫芦案”，而是要与许多人交流、讨论、研究。长年累月，这两把小转椅上先后坐过多少像“我”一样的人？这是何等细致、踏实的“工作”作风！“一盏台灯”——照应“一夜”，其实又何止一夜？这盏台灯，见证了周总理的多少个日日夜夜的“工作”？正是这盏台灯，它折射出主人的思想光辉、人格风范，也映衬着国家几十年前进的历程！这就像戏剧舞台上的道具，看似毫不经意，实际上都具有画龙点睛的作用。在这里，我们看到了一条“暗线”，课文中就是采用这种“典型化”的手法，以“简单”的室内陈设，充分反映周总理工作的“复杂”和惊人。我们解读文本，怎么能“忽视”这些核心意蕴，去随意铺陈一些浮枝蔓叶的东西呢？

其次，语言是思维的直接外壳。好的文本之所以能打动读者，不只是因为作者的思想与读者的思想产生了共鸣，而且还因为作者引导着读者产生出新的联想和认识。因此，文本解读不能不透过语言文字，去感受作者的思维脉动，并在体察梳理作者“文思”的过程中提升学生的思维品质。如果再稍加深究，文本中的语序也是大有考究的。写字台上堆了一尺多高的文件，这是最直观的，具体反映了周总理巨大的工作量；转椅犹在，人不见，但可以想见日复一日来了又去了多少咨询商谈的人员，这反映了周总理踏实细致的工作作风；一盏台灯，则见证了周总理多少个伏案工作的日日夜夜，陪伴总理决策了多少国计民生，它几乎成了周总理人格的象征。“一夜的工作”，为什么要整整“一夜”？客观上工作量的无比繁重，主观上工作作风的认真、踏实、细致，这就决定了文章的主人公必须通宵达旦，必须付出超常的精力。而且，联系后文，这几个句子也是与通篇文章的写作顺序暗相契合的，因此，这几个短句，看似信手写来，并不深奥，但实际上从实到虚、由因及果、结构严谨、思维缜密，先后语序是绝不可变动的。

什么叫“读写能力”？怎样才叫“掌握语言表达的工具”？我想，读懂、读通、读透文本，不断揣摩不同作者写作的精妙之处，长此以往、潜移默化，自己的思维品质和表达能力慢慢地也就提高了，因而也就想写、会写了，这大概就叫“读写能力”。写得通畅、明白、准确，让人知其意、察其情，这大概就叫“掌握”了语言表达的工具。为什么此前有人慨叹不少大学生依然词不达意、语序混乱？从开始阅读时就浮光掠影、舍本求末，基础没有打牢！我甚至还想，对于语文的工具性和人文性，不同的学段应当有不同的侧重。小学是基础教育阶段，所谓“基础教育”，落实到语文教学，我以为工具性应当占主要地位。倘若小学阶段的语文教学，不将最基本的读写能力训练好，不培养学生对语言本身的兴味和敏感，不触及语言内含的思维品质，而仅仅在语言符号的浅表层面追求“奢侈”，尽管也能玩出一些“饱胀”的效果，但这样的“饱胀”真不知能有多大的价值。

再次，词句是文本的基本构件。小学语文的文本解读，大概是离不开句型句式的，因为句子是能够表达完整意思的最基本的语言单位，联句成段是语言表达最基本的能力。所谓“熟练掌握和运用祖国的语言文字”，就小学阶段而言，主要就是遣词造句、联句成段。还是温儒敏说的：“语文课要解决读写能力，实践性很强，必须有反复的训练和积累，训练的过程不可能都是快乐的，甚至也不可能都是个性化的。……语文和其他科目一样是一门学科，有它的学习和教育的规律，有最基本的要求和规范。把语文功能无限地扩大，好像很重视语文了，到头来可能‘掏空’了语文。”（同上）请看这一段：“室内陈设极其简单，一张不大的写字台，两把小转椅，一盏台灯，如此而已。”首句总起，后三句分述，最后一句收拢，十分精练。而分述的三句，都是相同的句型结构——数量词与名词的偏正结构，句式则都是以我国传统的四音节句式为基础，略加变化，显得既灵活又规整，体现了传统和现代语言形式的巧妙结合。再看几个句子最后的用字，平仄交替，抑扬起伏，很富诗意。对此，有人也许会大不以为然，以为是笔者的牵强附会。非也！文章作者是著名诗人何其芳，在他的行文中，有意无意揉进一些诗歌的表现形式，这是习惯成自然的事，越是水乳交融、不着痕迹，就越体现出汉语言的传统特点，也就越具审美价值。尤其是最后一句“如此而已”，则完全沿用了古汉语形式，平、仄、平、仄，典型的汉语言韵律节奏，起伏跌宕，一气呵成，朗朗上口，而其中所包含的敬仰、感慨、激动，甚至还有些悲悯的复杂情感，好像很难用其他语言形式表现出来，比如改用“就这么多了!”“就这些了!”……能有这样的表达效果吗？这是什么？语文，汉民族的语言文字！语文教学也好，文本解读也好，就是要通过教者的深度开掘，使这些原本深藏的“语文要素”从字里行间汩汩地流泻出来，让学生在反复吟诵把玩的过程中如嚼话梅、品味不尽，而不是随心所欲地铺排、阐释，看似“饱胀”，弄不好因生吞活剥，整吃整泻，到头来真的“掏空”了语文。

回到开头，关于“这座宫殿式的房子”，到底要不要作“辐射”性解读？其实是大可置疑的。不错，西花厅原来确实是载沣的花厅，但距今已经上百年了，距离周总理入住也有好几十年，这中间发生了翻天覆地的变化，至少1911年辛亥革命之后就与载沣无关。况且据查，第一次文代会是1949年7月召开的，周总理是1949年11月搬进西花厅，何其芳所写的办公室到底是不是西花厅本人尚无法确定。即便是吧，当时中国共产党的高级领导人（包括毛泽东）之所以入住这些“宫殿式的房子”，也并非看重房子的豪华，而是本着艰苦奋斗的精神，坚决不为自己新造办公楼，尽量利用旧房子而已。而且，据有关资料介绍，周总理起初入住的好像是菊香书屋，后来因为毛泽东、江青等相继入住中南海，周总理于是主动让出了，住进了条件相对较差的西花厅（西花厅房子其实已经陈旧，据说后来工作人员趁周总理外出时曾将房子做了简单的装修，结果遭到周总理的严厉批评），这至少说明他不是冲着西花厅“宫殿式的房子”而去的。因此，教者起劲地抓住“宫殿”一词渲染“辐射”，不知道真的是“上缀下联、力透纸背”，会把文本解读变得“饱胀”起来，还是画蛇添足、多此一举，到头来弄巧成拙、适得其反。不信请看这一个环节：

师：如今，这座高大的宫殿式的房子成了周总理的办公室。周总理，一国的总理。你们想想，他的手中握有**多大的权力**啊！而他的肩上又有多重的担子啊！对于总理办公的地方，你们**觉得应该**有些什么？

生：沙发、字画、文房四宝、很大的办公桌、水晶吊灯……

师：你看到了真皮沙发吗？你看到了文房四宝吗？你看到了水晶

吊灯吗？没有！**应该有的**什么都没有！……

请留心本人改为黑体字的几个关键词。我实在不知道教者在这里连问带叹、着意“铺陈”的目的是什么，教者想要向学生传达怎样的信息。对于“一国的总理”，为什么要突出他“手中握有多大的权力”？权力与住房条件和室内设施有什么必然关系？是“高大的宫殿式的房子成了周总理的办公室”，还是周总理利用旧宫殿作为办公室（两种表述的含义是截然不同的）？为什么总理办公的地方就“应该”——这是最可怕的——有奢华的东西？至少我本人读过之后，隐隐约约感到的是解读者自身的权力意识和特权思想，非但与“一夜的工作”文本无关，反而与培养学生的现代公民意识有碍。

以上这些只是本人一己之见，尽可见仁见智。当然，文本解读与教学设计是两回事，解读的东西未必就是教学内容；而设计的教学与最终完成的教学也是两回事，因为教师的解读未必就是学生的解读。然而，文本解读又是教学的起点，没有精当的、深刻的文本解读，就很难有精彩的、高效的课堂教学。那么，我们到底需要怎样的文本解读呢？著名哲学家伽达默尔说：“文本中意义与声音进入意识越多，人们进入文本就越深。我们不是将文本扔在一边，而是让我们进入文本。”① 看来，“进入文本”——进入是关键，用我多年前的话说，叫钻得进去、跳得出来——从一个特定的角度进入教材，摸清教材的脉络结构，然后取得教学主动权，具有一种对教材的统摄力；叫吞得进去、吐得出来——首先从总体上把握教材体系及其文化背景，然后按照学科特点和教学要求进行解读消化，有效地转换成具体的教学思路

① 伽达默尔：《文本与解释》，上海远东出版社 2003 年版，第 78 页。

和策略。因此，文本解读，我们固然需要适度的“上缀下联”的平面铺陈，但更需要有洞见的真正“力透纸背”的深度开掘。

（原载《湖南教育》2007 年 4 月号）

第三辑　学校精神：走向人本与自由

设计学校：一个新鲜而有价值的话题

据说美国总统克林顿上任伊始，一份名为《设计美国》的白皮书就被呈上了包括总统克林顿在内的 20 位新内阁成员的案头。这份白皮书是在那个以麦当劳著称的小石城诞生的，它的执笔者包括工业设计师、市场策划顾问、平面设计师、建筑设计师、城市规划专家以及设计教育家、艺术家等 23 位知名人士。这份由克林顿的高级政治顾问牵头完成的报告，涵盖了包括政府经济政策、民众政策等多方面的内容，其目的是帮助美国巩固经济的领导地位，重新规划一个超越的美利坚。这份报告对美国上世纪末的发展到底发生了多大的影响，似乎缺乏权威性的评价，但在克林顿的美国时代，美国经济持续走强，以致有人归纳为“新经济奇迹”，大概不能不说与这份报告——对美国 20 世纪末的超前设计——密切相关。

由此我们想到美国 IBM 公司创始人沃特森的一句名言：

好的设计就是好的事业。

“入世”：学校别无选择地面临挑战与竞争

21世纪对于全人类都是一个全新的世纪，对于中国同样如此。新世纪伊始，我国成功地加入了WTO。WTO是世界上唯一处理国与国之间贸易规则的国际组织，加入这一组织将意味着我国政治、经济、文化等所有领域都将发生一系列根本性的变化。教育更是如此，因为在其贸易总协定中，教育被列入其中的“服务贸易”。

把教育看成是一种服务业，一种可以交易的服务产品，这意味着庞大的现行学校体系运行方式将被彻底改变。……在不久的将来，学习者或其家长自己来规划真正适合和有利于自己个性发展的教育目标和教育形式，精心选择适合自己的教育消费类别、水平和品味，从而获得自己真正需要的而且有效的教育服务，这可能是每个学习者和每个家庭在进行教育投资时都会反复考虑的事情。这就需要明确地树立一种新的教育服务与消费的理念。而作为教育的提供者，则应想方设法地提高教育的服务质量和品位，满足消费者的需要。

在这样一种严峻的形势下，我国教育要作出什么样的应对，会呈现出什么样的图景，现在人们还很难预料。但可以肯定的是，传统的以应试为基本取向的教育观念和教育制度都将受到彻底冲击，传统的教育界限将被打破，教育的形式、内容、方法都将发生根本性的变化，人们的不同需求将对教育发生更深刻的影响。

——劳凯声：《社会转型与教育的重新定位》，《教育研究》2002年第2期是的，任何一种游戏规则都不能预定某个游戏者的输赢，而只为那些善于超越的游戏者提供了捷足先登的可能。“入世”对教育到底会产生什么样的影响，到底会产生多大的影响，我们确实难以准确预测。但有一点可以肯定，学校再也不是政府“包办”的宠儿，也不是与市场经济隔绝的孤岛。改革的洪流必然会将其裹挟进自己的大潮，一并带进“优胜劣汰、适者生存”的境地。过去，教育，尤其是义务教育，人们总是把它看成是一项纯公益性事业，自设的樊篱遮蔽了自己的视域，也导致了教育的许多尴尬。今天，当教育的服务性、产业性得到确认，“经营”思想正越来越有效地指导着办学实践，当原先那种封闭和平静一旦被打破时，姑且不说国际竞争，即便校际竞争也已成为不可规避的现实。

近几年来，撇开高校围绕“211 工程”展开的办学竞争和重点中学年复一年的升学竞争不论，即便在小学，由于人口出生率的逐年降低，许多农村小学和偏僻地区的小学面临生源枯竭的危机，在事业布局调整过程中，多少也带有优胜劣汰的因素。随着城镇居民收入水平的提高、消费观念的更新和对教育认识的提高，追求优越的教育条件已经越来越成为主要消费取向，“择校”在城镇已经成为普遍现象，且开始向农村扩展，日后恐怕会成为一个无法禁止而只能引导的社会潮流。一所学校毫无竞争意识也不主动积极地巩固和发展自己的优势地位，其结果恐怕只能无可奈何地被社会和公众遗弃。

形象：学校应对挑战和竞争的实力标志

说到校际竞争，现在大致有两种竞争：一种是“倾轧式”竞争，搞“水落石出”，自己找不到适合自身发展的道路，只能因袭仿效别人。出于虚荣和私心，往往以促狭的心态和短视的目光，将周边学校看作自己发展的障碍，因此采取非正规或非正当手段，侵夺其他学校的教育资源，诋毁其他学校的办学成绩，制造自己的虚假繁荣。这种做法也许能够得利于一时，但终究难以持久，其结果大多是一损俱损，自毁家门。另一种是“协同式”竞争，坚持“水涨船高”，以包容的心态和长远的眼光，将周边学校看作是自己的合作伙伴，广泛掘取所有可资借鉴的经验，努力从自身实际出发，另辟新蹊，着力发展自己的特色，走内涵发展道路，谋求健康持续发展。应当说，这种打造自身理想形象、发挥品牌效应的战略才是明智之举。

所谓“理想学校形象”，一般指的是追求卓越、提升效率的学校形象，是充满生机活力、有凝聚力的学校形象，是为社会公众所认可、信得过的学校形象。理想学校形象具有以下特点：第一，它是成功的卓有成效的学校形象。它能满足社会和家长的需求，满足学生发展的需求，办学有效益、有效率、有质量。第二，它是一个动态的概念，而不是静止的、一成不变的，在不同时期有不同的要求，随着社会的进步、教育的发展，人们对理想学校形象的要求将愈来愈高。第三，它是一个整体的全面的概念，而不是部分的、片面的概念。理想学校形象是学校各方面形象的结合体，而不仅仅是某一方面、某一部分。它既具有很高的知名度、美誉度、信任度，又是真、善、美的有机统一。第四，理想学校形象不是标准化的、整齐划一的，而是具有独特个性，具有鲜明特色的。没有个性，没有特色的学校，很难说是一所理想学校，也成为不了一所理想学校。个性与特色是一所学校的优势所在，是学校发展强劲的生命力。

——王铁军：《塑造和整合理想学校形象》，《江苏教育研究》

2001 年第 5 期

对此，我们不妨作如下理解：

从学校形象所包含的内容来看，学校形象是具体的、综合的。学校形象不是虚构的，它总要建立在一定的物质基础之上，学校的校舍、设施、建筑景观，直到师生的言谈举止、服饰仪表，都是构成学校形象最基本、最直接的因素。但更重要的是从物质条件中透射出来的精神风貌，如校舍建筑的风格特色和文化内涵，校长、教师的学养底蕴和道德风范，学校的办学理念和主导价值，社会公众正是根据这些已有条件和自身由此推测出来的未知条件作为依据，构架成一个完整的学校形象。

从学校形象的主观心理结构来看，学校形象又是主观的、情感化的，是一所学校获得公众信任和赞许的程度。对社会公众的某一个体而言，他不可能接受到学校的所有信息，除了其方式渠道有限之外，主要是因为他从自己的态度和认知水平出发，总是对某些信息比较敏感，而对另外一些信息比较迟钝。即便是采集到的信息，其心理刺激的强度、持续时间的长短也会各各不一，再加上个体在采集、加工信息的过程中，又总是自觉不自觉地以自身的价值标准作为尺度，分别烙上了赞许、认同、拒斥等复杂的情感印记，并忽略了许多自以为不重要或无关的成分。这样一来，每个人形成的学校形象就都是主观的，都包含着自己的态度和情感。但在社会人际交往中，个体的主观形象又可以互相影响、互相补充、互相融合、互相印证，从而产生心理认同，构成学校的公众形象。

从学校形象的效用来看，良好的学校形象是特色和绩效的集中反映，是学校的“无形资产”。

良好的学校形象是学校在办学过程中显示出来的卓越的行为特征与崇高的精神风貌的总和。评价一所学校是否具有良好的教育形象，有知名度和美誉度两大评价指标。知名度即一所学校被公众知晓和了解的程度，这是评价学校名气大小的客观尺度；美誉度即一所学校获得公众信任和赞许的程度，这是评价学校社会影响程度的具体指标。良好的教育形象是学校的无形资产。一些名牌学校之所以获得企业家的赞助与支持，是因为其良好的教育形象会给企业带来价值和效益。良好的教育形象能使校内公众产生一种愉悦感和自豪感，激励他们团结奋斗、积极向上；还能得到社区公众的肯定和支持，推动学校所在社区的精神文明建设和物质文明建设，为学校可持续发展奠定坚实的基础。

——汪刘生：《论教育公关》，《教育导刊》1999 年第 12 期

一方面，良好的学校形象是社区精神文明建设的标志和窗口，具有明显的社会价值，往往能对社区的精神风貌、居民的文化素养乃至周边企业的投资环境产生潜移默化的作用。另一方面，良好的学校形象能更多地获取社会舆论的支持和企业民众的资助，具有明显的经济效益。许多名校优越的办学条件并非来自政府拨款，恰恰源自企业个人的赞助，在我国教育投入严重不足的情况下，这是十分重要的资源获得方式。同时更要看到，良好的学校形象还可以激励全校员工奋发进取、积极向上，具有明显的内驱价值。学校发展的第一要素是教师，教师的成就感、自豪感和幸福感是学校精神力量的核心，这种成就感、自豪感和幸福感固然是一种内在体验，但外在的评价往往具有

极大的激发、强化、保持功能。良好的学校形象往往能为全体员工注入不竭的内驱动力。

由此可见，良好的学校形象在学校发展中具有极其重要的意义。

CIS：塑造学校形象的他山之石

我们说，学校应当积极应对教育竞争，有序的竞争必须凭借自身实力。学校形象既是区别于其他学校的特征的总和，又是参与教育竞争的实力要素。形象不能指望自生自长，也不能企盼别人赐予，形象要靠自己去设计和塑造，这就像企业的"CIS"。

CIS是英文Corporate Identity System（企业形象识别系统）的简称，其关键词是"识别"，就是将企业经营理念、文化精神、行为规范等融入现代设计中进行整体策划，形成企业独特的清晰的识别系统，然后通过一系列的运作手段，影响和沟通周边的团体或关系，使其对企业产生一致的认同感和价值观，从而改变和加深企业在公众中的形象，提高企业的知名度和业绩。

一所学校的发展，是否需要完整地导入CIS；即便导入，在具体的设计策略和操作方式上又如何切合教育的特点，这是一个有争议也确需研究的课题。然而，当教育的产业性越来越成为教育的显性特征时，学校的自身形象和特殊产品——学生的质量必然越来越受到社会民众的关注，可以说，教育和学校再也不是一棵自然生长的常青树。学校要求生存、求发展，靠的就是效益和特色；效益的提高和特色的形成又离不开设计；学校设计应当是办学者以独特的教育理念整合学校资源优势、提高学校办学绩效、塑造学校公众形象的战略构思和策略选择。

1. 理念是学校设计的灵魂

学校设计首先是一种战略构思，战略构思某种程度上便是学校的价值定位，它是无形的、理想化的，它体现了设计者对教育方针、政策、法规的自觉贯彻，对教育发展趋势的概括性前瞻和把握，以及对学校未来发展目标的合理性设定。在这一过程中，设计者总是将基于自身信仰的价值观念投射到学校未来形象上，因此，学校设计充分反映了办学者的精神境界、思想深度和价值追求，一定程度上是办学者教育理念的外在化。

2. 目标定位是学校设计的核心

从企业品牌设计的角度看，产品是品牌成长的基础，因此，CIS策划必须深入研究消费者的功能性需求是什么，研究企业本身是否能够满足这些功能性需求，前者是市场的期望值，后者是企业的满足值。学校虽然主要不是以物质形式的产品满足社会需求，但其办学方向及培养的学生的素质状况能否适应社会经济发展的客观要求，尤其是能否符合人们对未来社会人才的期望，将直接决定公众对学校的认同程度和赞誉程度。因此，确定既具有现实性又具有超前性的办学目标，是学校设计中的首要任务和核心环节。

3. 文化内涵是学校设计的主要内容

教育是一种文化传承，任何教育都是在一种特定的文化背景下进行的。一方面，任何一个民族的文化传统和形式总是作为教育的载体，外在的教育目的和要求都是通过文化内化为受教育者的身心素质的；另一方面，在人类千百年进化史中，制度文化、观念文化、物质文化等又交互作用、代代相传，潜移默化地成为人类繁衍中的遗传基因。从这一意义上说，人们的价值认同也是一种文化认同，价值评判也是一种文化评判。学校设计无非是两方面，一是内在发展动力设计，包括教工成长模式，向心力和凝聚力，教学水平、科研水平、管理水平以及与行业与社会系统的沟通协调等，这方面必须充分发挥传统文化、地域文化和行业文化的渗透作用和凝聚作用，以此丰富学校的文化内涵，使学校发展具备不可动摇的文化根基。二是外在公共形象塑造，主要是党政部门的绩效认定、学生及家长的肯定性评价、系统内同行的认可信服以及周边群众的亲和性印象等，这方面也必须充分发挥文化的传播辐射功能，将学校的绩效有效地转换成以文化形式为主的形象识别符号，从而扩大影响，提高知名度。

4. 科研是学校设计的关键

赫拉克利特说："儿童教育是一件充满不确定性的事。"[①] 学校承担着教育人的任务，教育的不确定性决定了学校发展充满了清晰和模糊、有序和紊乱、和谐和冲突，学校每时每刻都离不开观察、思考、选择、检查等各种研究活动。从这一意义上说，教育事业本身就是一项复杂的科研事业，学校则是一种特定的科研机构，科研工作理应成为学校设计的一项重要内容。同时还要看到，学校发展又是一种独特的个性化的发展样式，世界上大概很难有两所完全相同的学校，因此，每所学校的发展也许都是唯一的，不可重复的。从这一意义上说，学校设计本身就又是一种研究过程，它不可能照搬照套某种现成的模式，而只能凭借创造性的思维成果。一所学校质量的优劣和品位的高低，很大程度上取决于设计者在设计过程中研究的广度和深度，取决于设计者的科研能力和科研水平。

（原载《江苏教育研究》2002 年第 2 期）

---

① 周辅成编：《西方伦理学名著选辑（上卷）》，商务印书馆 1996 年版，第 89 页。

谁来拯救教师？

翻开2005年1月15日的《江海晚报》，一个标题赫然入目——老师执勤不得如厕。妈呀！这是怎么啦？细读内容，原来是为了避免校园伤害，南京某小学做出的规定：

本学期开学初，学校就专门将校园划分为十个明确的区域……每个区域每天安排一位老师执勤，同时每天再安排一位总护导，护导与每个区域的老师签订有安全责任书。

根据安全责任书中规定，只要是课间，执勤老师必须在所在区域巡视，不得擅自离开，要上厕所或喝水必须找到别的老师代替。同时责任书中明文规定："上课期间发生任何事故，由任课教师负责；如果在课外，校内发生的任何事故由执勤领导、教师负责，班主任协调处理。所产生费用谁上课、谁执勤谁负责。"

"明文规定"中的两个"任何"让人不寒而栗。要知道，大凡事故，总有可抗拒和不可抗拒（尽管概率极小）之分，有可预见和不可预见之分，而对其责任的追究，也有有过错和无过错之分，有直接和间接之分，等等。现在一用“任何”，学校和教师似乎成了“无限责任公司”，必须对所有事故的责任大包大揽，不知道是哪部法律、哪项规定将如此巨大的责任强加在教师头上？更不知道教师孱弱的双肩真的就能承担起如此巨大的责任？

再说，教师课间该做什么？我想，这所学校大概编制还没有松到所有执勤的老师都是专职，工作也没有“科学”到执勤老师当天全没有授课任务，那么，对于紧接着就要进课堂的教师来说，上一下厕所、喝一口水，大概不能算作“奢侈”吧？我们历来强调要把课间还给学生，让学生充分地活动、休息，那么老师呢？姑且不论还要为下一节课作好教学准备，小坐片刻、润润嗓子、撒泡尿总应该可以吧？现在居然“规定”：要去喝水或撒尿必须找到老师代替（请注意是要找到，倘若找不到那就只能干嗓、憋尿了）。请那些整天高喊“以人为本”的先生们想一想，教师也是人啊！这种规定简直近于“虐囚”了！

当然，我们不能过分责怪作出这项规定的校长，她说得很直白也很无奈：

刚开始的时候，很多老师都认为这项规定“太苟刻”（原文如此，大概应为“苛刻”）了……但这是无奈之举，因为各种各样的校园意外伤害已经让她作为校长的神经绷得紧紧的，“都快发疯了”。在这种情况下，学校考虑只有把老师和学校捆在一起，靠更增强老师的责任心来减少这方面事故的发生。

这就让人不能不审视社会了。

一是制度的失衡。毋庸讳言，教育和教师在世人心中的地位现在恐怕已经降到了历史的最低点，《义务教育法》也好，《教师法》也好，本来首先应该是教育和教师维护自身权益的最有力的武器，可在有的地方，反成了批判教育、整治教师的大棒。不信你看，对于教育乱收费，官方惩治不乏力度，民间也是群情激愤（这当然无可非议），但对地方政府拒绝教育投入、肆意拖欠教师工资，官方一直轻描淡写，民间也基本不加过问；全社会对教师职业道德的要求几乎达到了神圣化的地步，但对教师的合法权益、健康状况、工作负担关注了多少？当一个社会把教育看成是谁都可以自由享用而无需培植的“公共产品”，进而以为谁都有权君临其上指指点点、说三道四的时候，教育和教师的无奈和凄惨就是命定的了。

二是观念的模糊。义务教育中“义务”的边界在哪里？政府有哪些义务？学校有哪些义务？教师又应该尽什么义务？这些问题不但社会公众不清楚，学校和教师也不清楚，恐怕连法律界人士都难以说清楚。一句“教育就是服务”的口号导致了教育职能的严重泛化。民间似乎有一种“共识”：只要是在校时间内的事就都是学校的事（而且全应免费），只要是学校地界内的事故（甚至不分时间），学校就得负全责。这样一来，原本很明确的教育责任就轻而易举地扩展到监护责任，再进一步扩展到人身保险责任——当然是无需付费的免费保险，而教育部颁发的校园伤害事故处理办法几乎没有任何法律效力。这样，学校除了把教师“捆在一起”，并要求无条件负担校园伤害事故“所产生的费用”还有什么办法呢？

再是舆论的掺和。教育固然有问题，但要知道，对“没有问题”的好教育的追求已经延续了几千年，古今中外多少杰出人物都没有能实现，或许那只能永远作为我们无法实现的“梦想”。教育的问题只能像给病人治病，一要有善意，二要有耐心。我不反对舆论监督，但现在有许多情况已经超出了监督的界限，变成了炒作（姑且不说个别记者以此敲学校的竹杠）。比如有的小报记者一旦发现某所学校出了点问题，往往表现出异乎寻常的“热情”，非要闹得沸沸扬扬，除了求得一时的轰动效应、增加一点小报的发行量之外，对于教育也好、学校也好、教师也好，只能是伤害！处于这样的舆论环境中，学校和教师不能不提心吊胆、战战颤颤过日子，学校中催生出一些不近情理、甚至反人道的“规定”之类也就不足为奇了。

行文至此，我突然想，一个人如果在马路上摔死，是要交通局负责，还是要养路段负责？一个人如果在河里溺水而死，是要水利局负责，还是要河道所在地负责？一个人如果在酒店酗酒而死，是要酒店负责，还是要陪侍负责？一个人如果在家中噎死，是要居委会负责，还是要家长负责？为什么在学校发生的“任何”事故就非得要学校和教师负责？

啊！我的教师兄弟，你应当是教育的主人，而不是教育的牺牲。但愿你不要被套上“神圣”的光环后送上人为的道德祭坛！

谁来拯救教师？

（原载《教育参考》2005 年 5 月号）

一声叹息祭冤魂

2005年11月14、15日两天，媒体上披露了三起跟学校有关的命案：

上海《东方早报》：11月11日，温州龙湾区灵昆镇中学校长黄玉生在家访时，惨遭学生家长刀砍，当场死亡；

石家庄《燕赵都市报》：11月12日，沧县纸房头乡周庄子小学青年教师李洪杰为迎接上级检查加班，突然一头栽倒在地，因抢救无效而死亡；

上海《东方早报》：11月14日，山西沁源县郭道镇汾（阳）—屯（留）公路上发生一起惨案，沁源二中初三121班的21名师生被急驰而来的载重卡车碾压致死，其中33岁的班主任姜华老师是在救出两名学生后的一刹那被当场碾死的。

三起事件，看似偶然，其实很有代表性。一是家庭学校矛盾严重激化酿成的命案，一是行政压力下教师身心极度崩溃的不测事件，一是社会对师生生命漠视的突发事故，基本代表了学校当前矛盾的主要方面。然而，在我们有些地方，恶势力泛滥，盗贼猖獗，矿难不断，事故频仍，鲜血已经视同寻常，生命也已经屡屡被抽象成简单的阿拉伯数字，没有多少人再去大惊小怪，对于上面冤死的二十多名师生，马上也会“存者且偷生，死者长已矣”了。我自认我也是个冷血动物，除了一声叹息，我还能怎么样呢？不过在叹息之余，我总觉得一阵阵地揪心。不要单纯责骂那个砍杀校长的家长和碾死学生的司机，也不要一味怪罪那些忙于检查验收而累死教师的教育官员，更不要以为弄几个马后炮式的紧急通知就能亡羊补牢、平安无事，其实这是教育“社会综合征”的间歇发作。我以为，以目前中小学校的基础脆弱、地位衰微和普通教师的道统不继、权益难保，惨祸说不准还会无可奈何地继续在各地轮番上演。

神圣与世俗的嬗变

稍微上点年纪的人都知道，旧社会搞文化专制，读书人很稀罕，也就很尊贵，“劳心者治人，劳力者治于人”，“万般皆下品，惟有读书高”。我的祖辈是文盲，可一见文字符号却顶礼膜拜，哪怕一张有字的废纸都有很高的身价，仿佛一件圣物，不能踩踏，不能入粪池，否则会天打五雷轰的。所以在那时，一般的老百姓都认定一日为师，终身为父，教师被列在“天、地、尊、亲”之后，每每被供上神龛。据说常熟翁同和就因为曾是皇帝的老师，所以府第前竖有“皇亲国戚至此下马下轿”的石碑，其尊贵与威严可以想见。随着教育的普及，文化流入百姓，读书人不再稀罕，也就不那么尊贵。在我国，自“五四”打倒孔家店，经“史无前例”的十年内乱，知识分子地位每况愈下，近年虽有好转，但未见根本改观。当然，现代知识分子本应走下圣坛，做一个常人、俗人，这是天经地义，可问题在于，已经普及了的、全民化的教育事业是否就不再神圣？现在似乎有一个怪现象，社会对教育事业，总是以“为地方经济建设服务、为地方精神文明建设服务”为由，将教育变成地方政府的附庸，短视行为、形式主义等社会不良风气同样在教育领域盛行；家长对学校，则希望能为自己的子女眼下考试得高分、将来实现天才梦或豪富梦提供百试不爽的奇功利器；而教育呢？则曲意迎合社会的急功近利，日益走向廉价的现买现卖，甚至不惜掺杂使假（假文凭、假学位、假职称、假论文之类）。面对如此世俗、甚至低俗的教育环境，对教师的要求却出奇地“神圣”，又是职业道德规范，又是日常行为规范，而且都是近乎完美的要求，这实在是一个吊诡。许多名人要人总把教育说成是“太阳底下最光辉的事业”，要求教师“为人师表”，硬是要把教师送上圣坛，让教师担负起塑造全新人才、扭转社会风气的道德重任，仿佛教师应当为全社会的伦理道德买单。换句话说，旧社会搞文化专制，把教育神圣化的时候，塾师还可以有世俗的生活，现在教育变得世俗了，教师作为人也已经去神圣化，成为世俗之人，对教师的要求能不能也从神圣变得人性？现在从官员到民众，动不动就拿教师说事，一句“你还是个教师！怎么为人师表的？”足以打掉教师所有的自尊。试问，当全社会都用神圣的透镜去审视教师，甚至连学生都可以理直气壮地责备教师作为人、而非神所不可避免的缺点时，其教育的效能又从何而来呢？若干年来对“师道尊严”的大加挞伐固然必要，但倘若连教师的人格尊严和正常的权威性都被摧毁，恐怕也不是一件好事。那位校长惨遭砍杀的灵昆中学教师所描述的学生表现是：“课堂上做大动作，公然抽烟，打扑克，传纸条（好多是情书），说怪话，公然顶撞辱骂老师；课后明抢暗偷，敲诈勒索，拉帮结伙，聚众斗殴，恃强凌弱，勾结社会恶势力，带管子、刀具进学校，当众耀武扬威……”每个有理性的公民平心静气想一想，倘若你是教师，你怎么办？恐怕只能和我们的教师一样："对付犯罪分子，我们有庄严的法律，可面对一群似懂非懂却不知天高地厚的莽撞少年，我们真的感到很无奈，很无助!"这种情况已经严重地损害了教师的身心健康，南京市曾对700名青年教师心理健康状况进行抽样调查，结果表明，"53.9%的教师体力上感到较累，22.9%的教师觉得很累。47.5%的教师认为工作上最大的压力来自教学生。在职业因素方面，工作压力感程度较高的教师占55.7%，21.3%的教师压力程度很高。青年教师……23%的人感到经常不舒服，18.5%的人经常失眠"①。真不知全社会对广大教师的生存状态关注了多少，又理解了多少，体贴了多少。

义务与权力的颠倒

前面提到的因车祸而逝去的21位，都是义务教育阶段的师生。"义务教育"，顾名思义，谁应该尽义务？尽什么义务？怎么尽义务？按说，首先该是政府尽义务。然而，政府的义务却从来没有人（严格说来是没有人有权）加以监督，因而大多处于虚设状态，就连最基本的教育投入，有多少地方政府是规规矩矩按规定保证的？教育部副部长张保庆日前斗胆直言：中小学乱收费都是各级政府逼出来的，这本是一句近乎"皇帝的新衣"的大实话，竟引起一场舆论风波，由此可见这一现象原本比比皆是、各处皆然。山西沁源二中的师生之所以要到公路上跑操，就是因为校园面积狭小，不能满足学校师生体育锻炼的需要，这种情况城市难以解决倒也情有可原，可农村怎么竟也成为难题？现在"招商引资"不是动辄几百亩、上千亩，甚至还"无偿"提供，怎么学校的教育用地就如此金贵呢？河北沧县的李洪杰为什么

① 《扬子晚报》2005年3月19日。

会累死？李洪杰所在学校的老师说得很直白："因为当地政府投入不足，一些学校很难达标，有的学校只能突击造假。教学负担本来就重，还要为迎接检查加班忙碌，教师们叫苦不迭。"可叫苦有谁听？试想，普及九年义务教育本是政府的事，现在政府却凭借权力硬是要让学校和老师去做，而且还逼良为娼，硬要学校弄虚作假，甚至还要突击造假，万一造不好假，等待他们的还不知是什么后果，不拼命行吗？敢吗？其实像这种检查、评估、验收、督导之类，义务教育阶段大多都应由政府承担责任，可实际上却几乎全由学校"代劳"了，正因为政府非但不去承担责任，还可以理直气壮地"督促"学校，如果不能过关，全是学校的责任。政府责任的让渡与权力的滥用必然导致学校疲于应付、造假作弊，李洪杰因累猝死也就不足为怪了。而且更要看到，累死几个教师事小（说这话简直没人性），学校为了"合格""达标""优秀"，往往又会剥夺那些"调皮生""双差生"的学习权，或者肆意转嫁危机，巧立名目向学生收钱，这就又滋生了社会底层对教育的不满、乃至敌对情绪，很容易诱发一些过激行为。

养护与利用的错位

学校自古以来就是一个精神活动的场所，精神的花园往往格外脆弱，经不住政治风雨的过度涤荡和人为的恣意践踏，相反，它需要小心翼翼地加以养护，需要在宽容、安定的环境中"休养生息"。我们现在老是羡慕欧洲的人文传统与民主精神，殊不知欧洲有许多几百年、上千年的大学，虽历经沧桑，但一脉相传，这才使得欧洲几千年来人才辈出、群星璀璨。反观我们，虽有五千年的文明，但古代书院荡然无存，所有的大学不过百年上下，加之近代历史风云变幻，学校在国家制度的根本变革和浓厚的政治色彩中，随"风"飘荡，难有所止。胡适先生在上世纪初形容当时的大学："东抄西袭的课程，朝三暮四的学制，七零八落的设备，四成五成的经费，朝秦暮楚的校长，东家宿西家餐的教员，十日一雨五日一风的学潮。"[①] 时至今日，虽说教员不再东家宿西家餐，学潮不再会随便兴起，但学校那种飘忽不定的状态似乎尚未根绝，在许多中小学还惊人地相似。现在，中小学似乎有着双重"自我加压"：一方面，政府把教育当成自己的政绩工程、民心工程，千方百计要办"优质教育"，以满足群众的教育需求，当然也是为了提高政府的美誉度，但又无法（某种程度上也是无意）加大对教育的投入。学校呢？"我为政府挑重担"，于是不自量力，好大喜功，拼命追求校舍设备的"先进"、豪华，甚至不惜举债，有时万般无奈竟强行要求教师集资去通过一系列的验收、达标、星级评估等。另一方面，政府宣传"教育为本""科教兴国"，要把教育放在优先发展的地位，要让教师成为最令人羡慕的职业。学校呢？于是就竭尽炫耀、夸大之能事，大言不惭地宣称"没有教不好的学生，只有不会教的教师""一切为了孩子，为了一切孩子，为了孩子的一切""让每个孩子都获得成功"等。这些作为教育理念本无可非议，但我们却几乎全都作为现实目标，甚至还不自量力地搞出许多蛊惑人心的操作方案，把教育的功能自吹自擂到无所不能、无所不包的神化程度，让社会以为教育真的可以僭越政治制度和传统观念而包治百病、包打天下了。这样一来，教育自己给自己出了一道难题：面对不断提高的社会对教育的期望，不断吊高的群众对教育的胃口，学校最终惹火烧身，成了社会和公众对教育怨恨的发泄口，只要有一个偶然的导火索，就会酿成一场事端。

---

① 胡适：《信心与反省》，吉林摄影出版社 1999 年版，第 14 页。

教化与戕害的逆转

学校教育干什么？古人云，教，上所施下所效也；育，养子使作善也。一句话，教化。原清华大学校长梅贻琦先生有个说法：“古者学子从师受业，谓之从游，孟子曰‘游于圣人之门者难为言’，间尝思之，游之时义大矣哉。学校犹水也，师生犹鱼也，其行动犹游泳也，大鱼前导，小鱼尾随，是从游也。从游既久，其濡染观摩之效，自不求而至，不为而成。”① 可以说，那种“不求而至，不为而成”的境界就是“教化”的最高境界。反观我们现在的学校，这种学校犹水、师生犹鱼、大鱼前导、小鱼尾随的怡然之境可还存在？我们不能不承认，学校之水已经被严重污染，教育中人也在自毁教门，大鱼吃小鱼的现象恐怕也已见怪不怪了。先说教师，不守道统。私自办班收费的，推销教辅资料的，索要钱物的，更有方法简单、态度粗暴体罚侮辱学生的，这些虽是极少数教师所为，但一只苍蝇糟蹋一缸酱，不是一俊遮百丑，而是一丑盖百俊，许多官员和媒体正是抓住这些“典型”大肆渲染，让整个教师队伍因此而一蹶不振。在许多家长心目中，教师已经从一个可敬的教化者的形象蜕变为一个可恶的戕害者形象，这就直接导致并不断加剧了学校与学生家长的矛盾，社会部分群众对教师产生仇视心理也就在所难免了。再说主管部门，背离传统。教育自古就是一项公益性事业，可我们非要提出一个什么“教育产业化”的口号，虽说现在已经终止，可遗毒难除。前些年，一些稍微好一点的学校，政府和教育主管部门想方设法要“改制”，还有一个形

① 梅贻琦：《大学一解》，转引自陈平原：《中国大学十讲》，复旦大学出版社 2002 年版，第 35 页。

象的说法叫“靓女先嫁”，平心而论，我们到底是为了“盘活”教育资源，还是为了“盘剥”老百姓？我们搞那些校中校、“实验班”、双语班、特长班，有多少是不收费的，或者说不是为了收费的？我们是不是有些“靠生吃生”、财迷心窍？我们有些基层县市的教育主管部门，教辅资料统，课本簿本统，学生服装统，报纸杂志统，就连学生的红领巾也由教育局（或者所属的“服务公司”）统办，为什么？真的是为了“深化素质教育”，还是看准了这些“经济增长点”？不要自作聪明，以为凭几句漂亮的口号就能掩人耳目，其实全社会都洞若观火。陶行知先生曾经说：“千教万教，教人求真；千学万学，学做真人。”我们不妨凭良心想一想，我们上述所作所为，教给学生的是什么？留给社会的是什么？我们不妨再想一想，我们（我们的学生）为了门前那些大大小小、光彩照人的奖牌，说了多少假话？做了多少假动作？造了多少假材料？编了多少假数据？我们还能问心无愧地说：我们是在教化，而不是在戕害？——尽管“戕害”这个说法太过严重，但我委实找不出一个更确切、更温和的词语。

跪读陆永康

年初一段时间，新闻媒体曾以各种方式宣传一位度过了36年“跪教”人生的普通教师——陆永康。正如《光明日报》评论员所说：“在36年里，他‘跪’越崎岖山路，也‘跪’越迷信和偏见，他用双膝支起了家乡人民对于教育的信念……陆永康跪在课堂上，跪在去课堂的路上，所到之处留下的是一个乡村教师对于国家教育事业的一片赤诚之心。”说实话，面对陆永康灿烂的笑容和感人事迹，我这个与他年岁相当、且有着所谓“特级教师”头衔的人，不由得不敬佩，也不由得不羞愧。就像日本著名指挥家小泽征尔说《二泉映月》只配跪着听一样，《忠诚“跪教”，境界参天》的事迹报道，我们也只配跪着去读——跳出主流话语体系，摈弃地域优势意识，与陆永康身同感受去读，也许只有这样，我们才会读出点什么。

跪读让我感到一阵遗憾

陆永康长期生活在贵州山村，可以说处于当今教育改革的边缘。从上世纪八十年代到本世纪初，从素质教育到课程改革，当今教育改革就像一个大漩涡，然而进入这个漩涡中心地带的大多是城市、经济发达地区和行政认定的所谓改革“试验区”，贫困地区、经济欠发达地区，尤其是偏僻的农村、山沟，一直都无奈地处于边缘地带，甚至就是“被遗忘的角落”。我们不妨看看，媒体频频亮相的所谓“先进”经验都出自哪里？能够在全国到处“布道”的所谓“名师”都生活在哪里？而名目繁多的所谓培训、研讨、观摩、竞赛……其举办地点又安排在哪里？一个教师，倘若不在所谓“改革”的中心地带，你就命定地不能进入行政视野，不能进入主流话语体系，不能进入强势群体，你就只能被忽视，被漠视，甚至被遮蔽。也许有人说，陆永康当时不是轰动了全国吗？是的，不过现在呢？仅仅几个月，他就重新沦入沉寂。恕我直言，他的“轰动”只是一种偶然、一个特例，仅凭一种偶然和特例是根本不可能撼动既定的主流话语体系和强势群体的。要知道，不知道有多少像陆永康一样的偏僻山村的教师依然被漠视、甚至被鄙视，他们的处境不会因陆永康的“脱颖而出”就彻底改变。陆永康的“光辉”还在于他作为“跪”者——一个肢残者——的特殊经历，较多的是看到他是一个生活中的强者，也许还掺杂了几分政治需要或怜悯，而不是发现了他自身的教育教学有什么独特的超越性价值，相对于今天“素质教育”“课程改革”“专业发展”“建构主义”等主流话语，陆永康的职业价值很难，或者说根本无法进入中心地带，而他那种本土化的教学行为得不到充分的价值认定，58岁的他就只能依然处在边缘，一阵光芒闪过之后，他只能很快就转为暗淡。其实，又何止是陆永康呢，当年的刘让贤，那也是轰动一时的呀！问问现在的学校教师，当今许多课改名角的名字肯定耳熟能详，可还有几人能够记起刘让贤？陆永康啊陆永康，“天将降大任于是人也……”，如果你说，那是自嘲，如果是既得利益者说，那是安抚。

毋庸讳言，你早已被主流话语和强势群体甩得远远，你光环注定只能一闪即逝了，我不得不为你遗憾，虽然我真的希望你的名字能够永远“镌刻在中国教育的历史之上”（《光明日报》评论员语）。

跪读让我生出几分清醒

陆永康地处偏僻，肢体有残疾，想必他不可能跋山涉水去聆听多少报告、参加多少培训、观摩多少样板，他大概也不懂多少多元智能、建构主义之类，素质教育也好，课程改革也好，对他而言恐怕都没有刻意而为。然而，他却把“一位高尚者所具有的生活深度和精神高度”（《光明日报》评论员语）深深地镌入了大山深处的孩子们心里，你能说他没有课程、没有思想、不是素质教育吗？近几年，我们的课程改革倒是搞得热火朝天。其实，热闹是热闹，在表面热热闹闹的背后我总好像隐隐约约看到两个字：“吵”和“炒”。

所谓“吵”，是指专家学者的争吵——请注意，决非“争论”。比如有的学者比较激进，“高扬‘为了中华民族的复兴，为了每位学生的发展’的旗帜……旨在把广大学生和教师从‘应试教育’的重压下解放出来”，宣称此次课程改革是“以全新的话语系统规划了新世纪我国基础教育课程改革的蓝图”，认为在推进步伐上，“‘不进则退’，‘冒进则废’，‘慢进则毁’”，那怎么“进”呢？没有说，大概舍“快进”则无他了；而有的学者则显得比较保守，认为“课程与教学领域的改革的正确原则应当是扬长避短、长善救失，使之不断完善，使之符合时代要求，而不应对现行的课程与教学加以根本否定”，在推进策略上，“究竟迈多大的步子好，步子多快才合适，都要冷静地、实事求是地进行决策，而绝不能以为现行问题严重、必须尽快解决就可以不顾及必要的条件了。‘欲速则不达’……”这本来很正常，哲学家说，理性就是“深刻的片面”“合法的偏见”，不同观点相互参照，兼容互补，那倒真能让我辈能在思想多元的氛围中自主选择。然而，一旦有人使用“公然”“妄图”“胡扯”之类的措辞，说出“不识时务，不近道理，不思进取，没有出息”之类的话语，这就有点党同伐异、骂街吵架的味道了。这样一来，既有失学者体面，也有违学术精神。面对千百万像陆永康这样生于穷乡僻壤、一生只执著于让劳苦百姓的孩子读书识字学文化、却无暇深究××教育、××中心、××本位之类的普通教师，不知道我们能不能复归大度、虚怀若谷。

所谓“炒”，就是一批新秀的炒作。现在有些“名家”俨然就是教育改革的救世主，他们的观摩课、示范课，简直如同当年的八个革命样板戏，似乎就是新课程的典范。比如语文课，恣意凸显所谓情感、态度、价值观，结果教师煽情，学生矫情，一些宏大的情感问题似乎一节课就一劳永逸地彻底解决了，哪有的事！其实现在的学生很精明，全都会揣摩老师的意图，为了“配合”老师（尤其是示范课、观摩课），总有人能说出让老师“正中下怀”的话，我们难道就不怕这种过于情绪化的课堂会培养曲意迎合、言不由衷的伪君子？比如数学课，强调所谓“人人学习有用的数学”，提倡数学的“生活化”（我以为过于生活化就变成了算术），有时为了追求新奇，连最基本的严密、准确都做不到，何来“数学精神”？而一些教育杂志呢？说实话，我很怀疑现在有些年轻编辑有没有教过十年八年书，或者认真听过几百节课，有没有入课堂教学的“门”。结果只被华丽的“文采”迷住了双眼，发了许多“银样蜡枪头”的东西。所以我曾说过一句尖刻的话：表演作秀的示范课、观摩课带歪了一批教师，课堂“门”外的话语权威教坏了一批教师。而今面对陆永康，我忽然冒出一种感觉：当我们被T形台上靓丽模特的时装搅得目色迷离时，还记得自己身上穿了什么、又该穿什么吗？像我自己，大大小小也曾作过一些所谓报告，长长短短也发表过几十篇文章，难道我真的参透了教育吗？面对跪着的陆永康，我泄气了。

跪读让我多了几分害怕

陆永康说，他最喜欢的是《长大后我就成了你》歌中的两句词："放飞的是希望，守巢的总是你。"但他所教出来的学生，有好几位竟然没有"飞"，而是回到陆永康身边，和陆永康一起"守巢"，共同撑起了大山深处的教育。我突然想，课程改革果真如此紧迫？果真具有决定一切的功效？难道说只要把课程改好了（大概也是一个美丽的神话），理想的教育也就实现了？怕未必。换句话说，还有没有比课程更基本、更具决定性的东西？我想，可能有，那就是所有的教育工作者（包括教育行政官员）都静下心、沉住气，真心实意地搞教育！在某种意义上，教育者是决定教育成败的关键，一位好教师就是一本教科书，一群好教师就是一所好学校，倘若我们搞教育的人已经落得把教育当买卖做、当差事混、当幌子招摇撞骗，不知道课程还有什么用。每念及此，不免打一个寒战。

陆永康原先大概没有研究过多少课程标准，也不会有先见之明知道什么"三维目标"，但他自己一跪 36 年、他所在学校半数以上的老师都是他当年的学生这一事实，却为他那素朴的、基本上归属于"应试教育"的教育教学作了极好的注脚，让我们实实在在地感受到了真正的情感、态度、价值观。可看看我们，许多"名教师"总是要实现自己的人生价值，于是不断地"飞"，城市越飞越大，条件越飞越好，身价越飞越高，名气越飞越大，我不禁要问一句：倘若我们是真心实意搞教育，为什么不能"守巢"呢？为什么不愿反哺家乡父老呢？我们的许多“准名教师”，热衷于今天这项竞赛，明天那项观摩，后天什么级别的培训，整天算计着如何摘取“骨干教师”“学科带头人”“特级教师”之类的桂冠，而且得了这个望那个，利用这个谋那个，稍有不顺，屁股一拍——走人！我们敢说是真心实意搞教育吗？再看我们的学校，门前钉了满墙的奖牌，可扪心自问，我们，而且教唆我们的学生，说了多少假话？做了多少假动作？造了多少假资料？编了多少假数据？我们还能问心无愧地说：我们是在真心实意地搞教育吗？至于行政部门，本不配我们饶舌。不久前，教育部张保庆副部长一句“中小学乱收费大多是政府逼出来的”，竟在全国掀起轩然大波，其实他不过相当于那个说“皇帝没有穿衣服”的小孩子一样，并非有什么深刻洞见，只是说了一句大家司空见惯，然而有人不准说、有人不敢说、有人不愿说、有人说了等于白说的话而已。我们有些地方热衷于所谓优质教育资源的“重组”与改制，热衷于办“外国语学校”“实验学校”“XX 学校”……那些诱人的招牌是干什么用的？面对憨厚、朴实的陆永康，我们还敢理直气壮地说，我们是真心实意搞教育吗？一想到此，我就为我十多年校长经历中的种种愧怍而后怕，为我头上“特级教师”的名不副实而汗颜。

跪读陆永康，真是感慨良多！

（原载《教育参考》2006 年 7 月号）

杂议校园景观建设

随着办学条件的改善和办学特色的追求，校园景观建设不但成为学校管理的一项重要内容，而且也是考量一所学校办学水平高低的重要标志。因此，如何加强校园景建设就自然而然地值得我们加以关注。

顺带说一句题外话，现在不少人将校园景观建设说成校园文化建设，这委实是一种混淆。什么是校园文化？李季、周祖昌等学者认为，校园文化“是一种区域性的社会亚文化，特指学校师生共同创造和享受的学校各种文化形态的总和，它一般由学生文化、教师文化、制度文化、课程文化、环境文化等组成”，“泛指全体学生与教职工直接参与创造的精神财富”。[①] 可以说，“校园文化”几乎囊括了学校的所有方面，而景观只是它的一个局部或一种体现。

① 参见郑金洲著：《教育文化学》，人民教育出版社 2000 年版，第 238 页。

一、崇尚自然　减少制作

景观大致有两种，一种是自然造化。山清木秀，水注泉鸣，那当然是得天独厚，可一般中小学很少有这样的条件。再一种就是人工营造。人造固然需要，但应以崇尚自然为原则。现在似乎有一种偏向，一提校园文化，就是画廊、假山、喷泉、雕塑，而且又随心所欲，急于求成，结果往往是粗鄙浅俗，不伦不类。

其实，自然最有灵气，自然最具情趣，崇尚自然就是贴近生活、呵护生命，也就最合乎教育的本旨。我校新址规划时，曾在醒目位置规划一座雕塑。我思考再三，还是作了局部变更，在雕塑的位置改立一块太湖石。雕塑固然好，但正因其好就愈难。一座雕塑，牵涉到主题、造型、材料、体量、表现形式、位置、与周围建筑的呼应、与所处环境的协调等，一所小学，很难达到应有的艺术高度。前些年，有的学校“瓜菜代”，用普通水泥糨糊捏捏，粗劣不堪，雕塑没几天就断胳膊缺腿，反成败相；近年又时尚用不锈钢等金属焊接，气派倒是气派，但总觉得有一股媚俗气。尤其是一些批量生产的商品雕塑，当个摆设，随便乱放，往往非但不成其为“艺术”，反成一堆鸡肋甚至垃圾，某所小学一尊汉白玉儿童雕像，头发脸型均为男性，可夸张的胸部却变成了女性就是明证。而我所选用的一整块 14 吨重、5 米高、毫无破损、未经雕琢的天然太湖石，反倒切合了“人法地，地法天，天法道，道法自然”的哲学思想，某种程度上体现了教育的最高境界，也赋予了校园景观的深邃意蕴。

二、注重内涵　弱化形式

在校园景观建设中，除了人工化倾向之外，还有一种形式化的倾向，这可能与我们民族的文化背景和思维习惯有关。中国人大体属于形象思维的，喜欢像龙像凤什么的，还嫌不够，再弄些文字符号，难怪现在许多风景名胜区的山体上布满了大大小小的摩崖石刻（字好字赖姑且不论）。我们有些学校，到处花花绿绿，满是标语口号、名人名言之类，还有许多诸如“请讲普通话”“不要踩踏小草”之类的禁忌语、提示语，让人一看就觉得这所学校文化稀薄、教养匮乏，以至于要不断地训导和提示。最近著名作家冯骥才在《随笔》撰文，担忧三峡工程完成后，千里长江将是另一番面目，热衷于“开发”的国人会不会由此酿成一场文化灾难，这对我们来说，恐怕不是杞人之忧。不信请看，这些年有人一边热衷于旧城改造，把许多有价值的古建筑、古遗址毁坏殆尽，一边又仓促上马、粗制滥造，弄出了许多不伦不类的仿古建筑，而几个道具式的影视基地，居然吸引了无数的游人。学校是教化人的地方，千万不要把本该文雅含蓄的东西弄得浅薄单调、一览无余。

校园景观具有审美教育功能，应当让一砖一石、一草一木自行言说，处处反映出本校的历史和传统，讲究的是蕴涵和韵味，而不是铺天盖地的文字符号。比如我校历经两次迁址，第一次发生在1907年，当时正值废科举兴学堂，海安城外的凤山书院改名为凤山高等小学堂（我校前身），迁至城内永兴庵；第二次是在1997年，学校为了求得更大的发展空间，实施整体易地重建。两次搬迁，前后相隔90年，如何在新址反映历史的沿革？我遍寻学校的每个角落，最后决定，将早已遗弃在原址碎砖烂瓦中的永兴庵仅存残石运至新址“桃李芬芳”园中，以作第一次搬迁的历史见证，而将原址大门口略有破损的踏脚石移至新址主出入口背后，作为“易地重建纪念碑”的石料，不加雕琢，保留原貌，勒石铭文，作为第二次搬迁的历史见证。睹物思史，古今接续，让不起眼的“无用”之物显示出无以替代的丰富内涵。

三、追求个性　避免从众

中国人有一种从众心理，喜欢效仿，懒于创造。你只要比较一下欧洲的教堂和中国的寺庙，欧洲的教堂虽然大多是哥特式建筑，但造型布局各具特色，不像中国的寺庙，几乎全是一个模式，极少有例外。近年来在风靡全国的“开发”热、“改造”热衷建造的商住楼、度假村同样存在这一问题，学校景观建设也就不可避免地受其影响。

我们说，教育是一种文化传承，学校就必须有她特定的文化氛围。说到“文化”，其实它既是名词，也是动词，贺麟先生认为，“‘化’字含有改变的意义；文要化，要影响其他的一种东西，要感化或支配别一种东西；古人说：‘与善人交，如入芝兰之室，久而不闻其香。’香可以改变环境，可以支配其他的东西，正可解释‘化’字的功用”[①]。普通中小学建设应是共性与个性的统一，由于每所学校的地域、资源、历史、师资、规模，尤其是办学理念的不同，学校必然会各不相同，扬长避短、尽显自己的特色优势、打造自己的品牌，这是一种积极而明智的办学策略。既然如此，学校景观就必须与之相匹配，从自身人文传统出发，努力追求一种个性化、特色化的观感效果。比如学校出入口，几乎就是学校的标识，也是学校特色的直接体现。现在很多学校相互仿袭，搞成一片墙体、一段门档、一间传达室的标准化布局，与机关、工厂大门并无二致。其实，按照建筑大师顾孟潮的看法，出入口和大门有着根本的区别：出入口是一个系统，大门是

① 贺麟著：《文化与人生》，商务印书馆1988年版，第278页。

一个单体；出入口是一种艺术构思，大门仅是一种功能设计。为了提升学校景观的品位，就应当十分重视出入口的系统性和艺术性。我校出入口就非常个性化，首先是将门洞、透空墙体、背景绿化、易地重建纪念碑、旗台有机综合在一起，成为学校形象的集中体现；其次是设一大一小两个门档，可以同时开，也可以单独开，既可人车分流，也可进出分流；再次是作为主通道的障景，营造开敞的视觉感受，避免了300米主通道的视觉贯穿，造价不高，但受到了业内外人士的一致好评。

人本：尊重与信任

——校长与学校制度建设随想

这些年来，伴随“依法治国”的改革呼声，“依法治校”“依法治教”成了教育行政部门的普遍要求和几乎所有学校的口号。许多学校的校长（包括我自己在内）一度搞出了一系列的文本制度和规定，有的多达 100 多项，俨然一部法典，甚至进而提出了“精细化管理”的口号。由此许多人产生了一种错觉，似乎制度越多、管理越严，依法治校的水平就越高。

依法治校是一项时代要求，它必然会要求学校的制度跟进，又必然会推动学校的制度改革。那么，在学校制度建设中，校长到底应当明晰那些基本认识，采取哪些相应的举措，这是一个至关重要的问题。

人本：学校制度建设的思想基石

法国思想家福柯曾尖锐地指出：作为规训手段的集成，时间表、动作训练、层级监视、为施加或强化某种道德价值而推行的规范化裁决、旨在奖励顺从和惩罚抗逆的各种考核制度等，在包括学校、医院等在内的社会领域广泛得到实施，以致整个社会都被组织和管理得像是一所大监狱了。[1]

将学校说成像是在一所大监狱内，抑或自身也像监狱，这实在让校长们匪夷所思。不过细想想，又不无道理，不信请看《现代汉语词典》给"学校"所下的定义：专门进行教育的机构。这个定义本身就沿袭了我们见物不见人的思维习惯，无视学校中的核心要素——人，也无视学校独特的教化功能，赋予其一般社会"机构"的属性，这就等于纳入了福柯所形容的社会"大监狱"。按我的理解，学校应当是基于某种教育供求关系，共同消费并生产某种文化产品的一群教育者和受教育者，它不是"机构"，而是人，当然是结成特定团队的人。这样的理解大概可以看作以人为本。

提到"以人为本"，大家也许不以为然，因为现在这几乎成了一个流行语，高层底层、大会小会，我们都经常会听到。然而，到底什么是"以人为本"，大概很少有人去深究，尤其是普通民众。有人曾经出于民族优越感，想让"以人为本"本土化，说我国早就有这样的东西，比如孔子的"仁"，比如孟子的"君轻民贵"，远比西方早了上千年。其实这很可能出自我们"五千年文明古国"的固有情结，就像阿Q的"老子当年也阔过"。

卡尔·曼海姆说："同一个术语或同一个概念，在大多数情况下，由不同情境中的人来使用时，所表示的往往是完全不同的东西。"[2]据我所知，"以人为本"是一个舶来品，源自西方的"人本主义"，而人本主义则是西方关于人的本质、使命、地位、价值和个性发展的思

---

① 参见张凤阳著：《现代性的谱系》，南京大学出版社2004年版，第297页。

② 转引自［英］史蒂文·卢克斯著，阎克文译：《个人主义》，江苏人民出版社2001年版，第1页。

潮和理论体系，其中的核心思想是“以人为本”。“人本”原是对应于“神本”，是欧洲中世纪批判宗教教会和封建禁欲主义的产物，它肯定人有享受人间一切快乐的权利。到文艺复兴时期进一步明确提出“天赋人权”“自由、平等、博爱”等口号，到法国大革命胜利后产生了系统的《人权和公民权宣言》。这是一个在西方绵延几百年、逐渐演化的过程，其结果就是“使人从自身所遭受的幼稚状态中解放出来”。（康德）

在我国几千年的封建专制制度中，“人本”思想既没有萌发，更没有形成思潮。在汉文化语源中，“人”和“民”是有严格区分的，“人”指官宦阶层，所谓“大人”“官人”，“民”是不配称“人”的，如“草民”“刁民”。我国古代虽有“民主”一词，但与现代民主是两码事。《康熙字典》：“民：众萌也，言萌而无识也。”所以古“民”字是有眼无珠的象形。《辞源》释《诗·大雅·假乐》“宜民宜人，受禄于天”中的“民”：“此指众庶，别于君臣之称。”释“民主”：“民之主宰者。旧指帝王或官吏。”不错，孟子是说过“君轻民贵”之类的话，即便算是“民本”，那也是对应于“官本”的，是基于“民如水，官如舟，水能载舟，亦能覆舟”的统治与被统治关系，与西方“人本”所包含的“每个人都作为目的本身而存在”（康德）不可同日而语。

如何在学校制度建设中坚持以人为本，在当今官本位思想根深蒂固的形势下，对校长是一个非常严峻的考验。我觉得，学校制度建设，不外两个方面，一是制度构架，二是制度实施。前者固然需要，但不是主要的，因为现在学校办学自主权十分有限，特别是中小学，许多政策法规都是政府和上级制定好了的，无需、甚至也不允许学校有多大的创造或变更。后者倒是值得校长重视，并花大力气去研究的，因为在制度实施中怎么处理效率优先和价值优先，实在不是一件容易的事。像我，正是基于我对学校本质特征的理解，所以一方面我要顺应时势，制订出许多配套实施的规定、条例等，并付诸实施，另一方面我在汇编成册时又特地写下了下面这则《汇编者小启》：

俗话说，不以规矩不成方圆。可世界上的图形并不是非方即圆，况且也没有绝对的方圆。可见，没有规范固然不行，有了规范也不一定一切都行。

规章制度对人是一种约束和限制，但也同时划出了自由空间。在这一空间里，人可以大有作为，也可能无所作为，因为人的本质特征是具有自主选择的能力，人的自由度取决于他自身的选择。当然，从某种意义上说，人一旦逾越了某个空间，同时也就失去了这一空间。

此处汇编的几十件规章制度、条例及考核评估办法，制定时间有先有后，格式不完全统一，体例不尽规范，文字语言更不够严密，严格说来，它不堪作“范”。故此，它不应成为普罗哥拉斯蒂斯之床，而应成为个性化成长的生态园；它不应是雕琢法律语言的砧板，而应是培植人文精神的土壤。

1998. 10

学校制度建设中的以人为本，对于校长来说，首先应当以教师为本，因为教师是学校中最具影响、也最稳定的一股力量。需要特别强调的是，这里所说的教师，不是概念化的、作为职业名称的教师，而是作为人的教师个体。每一个教师个体和世间任何事物一样，都是一个多层次、多侧面的复杂的统一体，而这些层次和侧面往往具有各各不一的甚至相互矛盾的特征。以教师为本，要求校长从教师自身的角度，而不是只从学校集体的角度去看待教师，也就是平常所说的“换位思考”。只有确认每个教师作为个人的地位和权利，你才会逐步认识到，每个教师的生命都是独一无二的，每个教师的价值都是无可替代的，每个教师的尊严都是不可侵犯的，每个教师的自由发展都具有不证自明的正当性，所谓“以人为本”才能真正得到体现。

尊重：学校制度建设的伦理准则

以人为本关涉人的本质、地位、权利、价值、发展等，就其本质而言，它是“个人主义”的。

一提及“个人主义”，我们似乎有一种本能性的鄙夷，很快将其与自私、算计、损人利己等低俗丑恶现象联系在一起，看成是一个与“公”相对立的概念，这实在是一个类似于鲁鱼亥豕般的意义嬗变，其原因既有对异质文化的无知，也有政治意识形态的曲解。托马斯·潘恩说：“公共利益不是一个与个人利益相对立的术语；相反，公共利益是每个个人利益的总和。它是所有人的利益，因为它是每个人的利益；因为正如社会是每个个人的总和一样，公共利益也是这些个人利益的总和。”① 这在美国《独立宣言》、法国《人权宣言》以及联合国大会1948年通过的《世界人权宣言》中都被奉为神圣的信条。据此，个人主义便是人本思想的题中之义。

史蒂文·卢克斯认为，个人主义包含四个要素——人的尊严、自主、隐私和自我发展，这也是平等和自由思想中的基本要素。进而他

① 转引自［英］史蒂文·卢克斯著，阎克文译：《个人主义》，江苏人民出版社2001年版，第46页。

认为："人的尊严或对人的尊重这一观念是平等思想的核心，而自主、隐私和自我发展则代表着自由或自主的三个侧面。"① 这就是说，个人主义的核心要素是人的尊严，以人为本的根本要义就是对人的尊重，这是人本思想的基石。因此，每个人的固有尊严理应受到尊重，便成为人本思想的一项根本的伦理原则。

正因为人本思想在西方有着很深的文化根基，所以对人的尊重就不是像我们，仅仅停留在口头上的尊称或谦辞，而是渗透在社会生活的几乎所有领域和细节。龙应台曾经这样描述德国法兰克福的一个开放式法庭：

> 桌椅的安排呈口形，正对着观众席的一面是法官和书记。被告和辩护律师坐左手边，面对着检察官。这一场的法官是个年轻貌美的女人，长发披在黑袍的外面。被告是个中年卡车司机，超速驾驶，拒交罚金。法官时而问话，时而朗读手中文件，时而与律师交谈；她咳嗽，她笑，当律师起身交东西给她时，她笑着说："您坐着吧，传过来就行。"如果不知道这是法庭，光看法官、被告、律师之间的举止神态，我会以为这是个乡公所……

不知道我们的法庭审案是不是也是这样的格局，也有这样的场景。龙应台说："被告与法官、检察官平起平坐，拥有正当的公民权，并不低人一等；他不需要卑躬屈膝，将制裁他的，不是法官这些'人'，而是他所属的社会所约定的'法'。"② 我想，至少这里所体现的对人

① ［英］史蒂文·卢克斯著，阎克文译：《个人主义》，江苏人民出版社 2001 年版，第 115 页。

② 龙应台著：《百年思索》，南海出版公司 2001 年版，第 214、215 页。

的权利的确认、人格的尊重是值得我们借鉴的。

遗憾的是，在我们很多校长的思维习惯和日常用语中，“爱”总是占据优先的地位，“尊重”却很少被关注。其实在我看来，尊重应当先于爱，而且比爱更重要。爱是一种情感，情感是自发的，就像林黛玉，直到今天，依然是许多青年男女的偶像，但“贾府上的焦大，也不爱林妹妹的”[①]。可见爱是不好强求的，我们对任何一个人，不能强行要求他（她）一定要爱某个人，就像旧时的抢婚、拉郎配；即便是爱，也不能强迫他（她）做到爱的分量、方式、时间完全一样。况且，当今的许多“爱”，因为缺少了尊重这个伦理基础，结果演变成怜悯、施舍、表演、作秀，让人难以、甚至不愿接受。尊重是一种伦理准则，这是带有强制性的，我们不但可以、而且应当要求每个人尊重他人，如果谁侵犯了某个人的基本权利、侮辱了某个人的人格，这是要受到谴责、甚至要受到法律制裁的。所以史蒂文·卢克斯说：“应当**平等地**（原文为黑体字——笔者注）尊重所有的人——因为他们都是人，那是他们共有的作为人的一种或全部特征——而且还因为……尊重他们就意味着尽可能维护和增加他们的自由（而区别对待则不能给他们以平等的尊重）。”[②] 在有些学校中，很注重管理的严格、细致，而且用上了现代科技，比如电视监控、网络传输、指纹识别等，随便限制人的活动自由，粗暴地侵犯人的私密空间，忽视了人的交往、隐私、休闲、娱乐等基本权利，表现出对人的极不尊重。比如，校门口安装指纹点到机，我就想，有一两个教师确实因为特殊原因迟到十分八分钟，有什么大不了？用上一个指纹点到机，你以为用

① 鲁迅：《二心集·“硬译”与“文学的阶级性”》。

② 史蒂文·卢克斯著，阎克文译：《个人主义》，江苏人民出版社 2001 年版，第 115 页。

这种非人性化的方法就能保证绝对不迟到、不早退了？再说了，即便人准时到了，你能保证他的创造精神也同时焕发出来了吗？我几十年坚持的办法是按时出早操。一所规模较大的学校，教师们平时总是固定在某个班级，要是不创设条件让他们有聚集的机会，时间长了，是会离散的。大家一起出早操，既锻炼了身体，又能彼此问候，简短交流，无形中有一种大家庭的感觉，天长日久是会增加凝聚力的，同时也能起到加强劳动纪律的作用。个别教师迟到了，在大家的目光注视下进入队伍，自然有一种愧疚感，用不着你再去说什么，甚至可以装作视而不见，其客观效果远比指纹点到机那种物化管理要好。

史蒂文·卢克斯上面加在括号中的一句话其实是非常重要的。在我们的学校制度建设中，平等地尊重每个教师是很难做到的，我们的许多规定和条例，有意无意总是为"两头"着想——要么是为了筛选出所谓"先进"和"优秀"，要么是为了确定出惩戒或淘汰对象，"马太效应"在学校中已经司空见惯，人格平等、机会均等、权益对等，这些尊重的基本要义很少被我们重视。比如现在的很多培训和比赛，我们总是有意无意给少数人提供更多的机会和更高的平台，而许多一般教师只能无奈地被排斥在外，明显存在机会失衡，因而挫伤了许多普通教师的积极性。其实机会也是一种资源，而且是一种稀缺资源，对于这种稀缺资源，学校如何建立起资源共享的机制，让这种提高的机会和展示的平台不致变成少数人的专利，这是一个非常重要的课题。记得有一段时间，按上级要求我所在学校实施"青蓝工程"（老教师名教师与青年教师师徒结对，有签约仪式和考核办法）。一段时间后，教师中有议论，说拜师也要带"眼睛"，实际上就是批评因为"师傅"水平和地位（其中还暗含着职务）的差异带来徒弟机会的不均等。于是我立即当众宣布：我与已经结对的两个徒弟解除师徒关系，同时在学校建立导师团，采取团体对团体的方式，不再采用一对一的方式，努力体现（只是体现，要真正做到不可能）平等原则，减少人为制造的机遇失衡。近闻美国耶鲁大学校长理查德·雷文教授，在任12年，不带一名研究生，不知道是不是也有同样的原因。

信任：学校制度建设的心理场域

尊重是一种伦理准则，是对他人权益和尊严的自觉捍卫，它包含对自身和他人人性一致、地位平等的前提假设，所以必然会引出另一个相关的话题：信任。

信任本来是现代社会学的一个重要概念，按照英国社会学家安东尼·吉登斯的说法，信任（trust）在本质上与现代性制度相连，“信任是‘信念’的一种形式，在其中对可能出现的结果所持有的信心表现为对某事物的信奉，而不只是认知意义上的理解”[①]。《牛津英语词典》则将“信任”定义为“对某人或物品之品质或属性，或对某一陈述之真实性，持有信心或依赖的态度”。因此，我们不妨从汉语语境出发，将信任主要看作是一种态度，是学校制度建设中校长必须具备的心态。

据说前苏联教育家乌申斯基，当时所任教的学生基本都是一些“问题”学生。有一个学生偷窃成性，乌申斯基有一次特意安排这位学生去为班级购买东西，给了他足够的钱，而当时钱是非常紧张的。回来后，这位学生将多余的钱全给了乌申斯基，可乌申斯基看都没看就将钱囫囵着收了起来。第二次又是如此，委托这位学生单独去购

① ［英］安东尼·吉登斯著，田禾译：《现代性的后果》，译林出版社2000年版，第24页。

物，又给他足够的钱，回来又是囫囵着收下多余的钱。这位学生不解了，忍不住问乌申斯基："你就这样信任我？难道你就不怕我私下截留？"乌申斯基愤怒地回答："混蛋！我要是不相信你，为什么还要让你去？"从此这位学生改邪归正。当然，这则故事我只是记忆，主人公和细节也许有误，但这不重要，重要的是故事本身，它告诉我们信任具有多大的教育力量。

日裔美籍学者福山著有《信任》一书，他把人类社会分为两类——"高度信任社会"和"低度信任社会"，前者以美国为代表，后者以华人圈、意大利、韩国为代表。何也？因为美国有新教伦理和天主教信仰。布什总统访华期间在清华大学演讲时说："美国有百分之九十五的人说他们信神，我便是其中之一……信仰为我们指出一种道德的规范，这超越人们的法律，也号召我们承担比物质利益更为崇高的使命。"正是这种宗教信仰，加上基于个人主义的契约观念，使美国社会中充满信任，美国经济因此才保持了长期的繁荣。[①] 我国呢？固然没有严格意义上的宗教，而且在几千年的文化观念中，也没有多少个人价值的尊严，只有严格的等级秩序，换句话说，既没有彼岸的"信仰"，又没有此岸的"契约"，皇权至上的专制制度和小农经济模式缓慢并行几千年，结果只能是以家族（皇帝视天下为自己的"家产"）为界，对非家族的"外人"充斥着猜疑与提防，而实际上家族内部也是矛盾重重，最后导致每个人除了自己谁都不信任。这样一来，"任人唯亲"余绪不绝，告密文化畅行不衰，打小报告、写匿名信几成"国粹"。而制度文化的稀缺和制度体系的脆弱反过来又加剧了社会信任危机，以致诚信成为现在全社会的普遍呼声。看看我们学

① 参见余杰：《美国与中国，谁更"个人主义"?》，《书屋》2003 年第 2 期。

校，名目繁多的评估、验收、考核、命名等，骨子里头都是对学校和教师的不信任，所以要将学校和教师时时置于行政和长官的评判、掌控、监督之下，难怪一些学校总是笼罩在“低度信任”的环境之中。

按照吉登斯的说法，信任不只是“理解”，而是“信奉”，所以它是饱含着信心和期待的，具有非常明显的心理暗示效果。从教师的职业特点看，教师劳动既不像物质生产有固定的工艺流程，也不像一般科学研究可以规范程序，教师劳动是一种包含着自身丰富情感、融入了自身创造才能，以活生生的各具个性且不断发展变化的人为对象的复杂劳动。因此，校长对教师的管理就不能局限于单一的行政指令，也不能停留于机械的秩序安排，而需要一种以情感沟通为基础的心理效应场，以激活教师自身内在的创造因素。近代美国心理学家勒温提出了著名的“场论”，认为个体动力是受团体决定的，而每一个团体都有其特定的心理空间，即“场”，也就是在特定时间内影响个体的心理因素的总体[①]信任往往能以含蓄的方式，激发起一种轻松愉悦的情感体验，形成一种心心相印的团体“心理场”，从而也就为教师提供了广阔的发展空间，这样的效果是靠制度一味管束、限制所无法达到的。

我校许卫兵老师，现在已经是享誉江苏的名教师，几年前他曾写下这样一段文字：

留白与补白

记得 1998 年，我获得参加江苏省小学青年教师优秀数学课教学竞赛的资格，当时适逢学校易地重建后迎接江苏省实验小学视导评

① 参见高觉敷：《西方心理学的新发展》，人民教育出版社 1987 年版，第 194 页。

估。金沙校长除了紧张筹划迎接视导评估的复杂事务，还一直在精心设计一本学校画册。忙碌中的几次试教，金沙校长都没空临场指导，但他总忘不了说上句："放开点，没问题!"10月24日，我在常州武进湖塘桥实验小学赛课完毕，荣获一等奖。当我回到学校告诉他这个喜讯时，他微笑着从抽屉中拿出几成定稿的画册设计，翻开到其中的一页，指着一块空白说："我就知道你会拿一等奖，你瞧，我早给你把版面预留了。"我一看，在画册的那一版面有一张照片的空白处，下面写着一行小字："江苏省小学数学教学观摩比赛一等奖获得者许卫兵与著名特级教师斯霞在一起。"此前对此一无所知的我，瞬间一股暖流流过心头，我不止感叹金校长对我的那份信心和信任，更惊叹他竟还记得我有一张与斯霞老师的合影，而那照片还是1994年我在张家港参加"教海探航"颁奖大会时拍的，金校长也只在那一年见过一次。我相信，让记忆不褪色的一定是因为他那曾经有过的真切关注。画册上虽只是一处空白，但填满的是关爱，是信任，是鼓舞，是一段回味无穷的人生感悟。

吉登斯还说，"信任应该被理解为与风险（risk）有关的产生于现代的概念"[①]。这一点倒是十分重要的。我觉得，这种风险是具有积极意义的风险。曾有法学专家认为，法律是必须留有空子可钻的，制度也要有适度的空白，这样社会才有活力，单位才有生气。有一句古语叫"天网恢恢，疏而不失"[②]，其中的"疏而不失"很值得把玩，为什么不是"密而不失"？说明"疏"有疏的道理。乡间网箱养鱼，

① ［英］安东尼·吉登斯著，田禾译：《现代性的后果》，译林出版社2000年版，第26页。

② 《道德经·七十三章》。

网眼的大小很有讲究，一定要让鱼觉得有逃跑的可能，正是这种逃跑的可能诱发起鱼逃跑的念头，从而才有不竭的生命活力，否则就会死亡。我想，学校制度建设也是这样，不妨留一些空白，留一点弹性，留下空白和弹性也就留下了风险，留下了活力，过于密实是会窒息的。法国大思想家布迪厄曾批评“资本主义的科层官僚制度，将学校也当作企业一样管理，要求文化生产者接受和采纳工作效率、工作节奏这样的规范，并且将这些规范作为衡量知识分子成就的普遍标准”①。教育工作区别于工业生产模式的最大特点，就是过程的模糊性和个体的创造性，这是无法用制度法规严格控制和准确考量的，所以学校制度建设的根本目标，不是管制，而是解放；不是让教师俯首听命，而是让教师如鱼得水。当然，校长在留白留空时，一定要进行风险估量，不进行风险估量而一味撤手不管，那不是信任，而是放任。在以信任的态度分权赋权的过程中，只有以契约精神明晰责任，并以公正透明的约束制衡机制构筑起风险防御体系，现代学校制度建设才能得以实现。

① 转引自许纪霖：《回归公共空间》，江苏人民出版社 2006 年版，第 4 页。

文化货郎与思想泥鳅

——谈谈我怎么当校长

（根据演讲提纲整理）

我当校长年限不多，中学小学加起来大概 16 年，主要是任海安县实验小学校长 13 年（四年前退二线），既无显赫名声，又无辉煌业绩，要讲怎么当校长，实在没有资本和底气，只能姑妄言之。

一、精神领袖和形象大使——校长的理想境界

说实话，当今校长实在难当。有专家说，校长面临着四重历史使命：政治使命、教育使命、经济使命、文化使命；说校长应当成为政治上的“忠”业者、工作上的乐业者、管理上的专业者、能力上的创业者、道德上的敬业者；说校长是学校行政的最高负责人……是学校的领导者、管理者和组织者，是学校的法人代表……[①]更有甚者，说中小学校长要成为无产阶级政治家、现代教育思想家、现代教育管理家、社会主义道德家、学校心理学家，“除此之外，还要具有学术素

① 参见王铁军等著：《校长学》，江苏教育出版社 1993 年版。

质、创造素质、协调素质、身体素质等，这里不再赘述”[①]。一口气念下来，鄙人固然赧颜，不知道走遍全国，有几个这样标准的校长，包括大学在内。

不知道是因为专家们站着说话不腰疼，还是因为政府不作为，现在我们校长确实承揽了太多的本不应当由他承担、也委实承担不起的无所不包的责任。其实说到底，校长就是校长，对“校长”这个岗位和职务，最好是作整体性的理解，不管怎样分析，正如美国学者莫纳汉说：“面对现代社会的每一个主要问题，分析到最后，总是一个管理问题。”校长的职能和任务就是全心全意管理好一所学校，别无其他。

什么是管理？《说文》：“理，治玉也。”——雕琢玉石。古人眼里，所有物质中，纹理最细密的是玉，所以治玉首先要弄清玉石的“理”，才能“治”好。“管理”是一个非常上位的概念，包容量很大。学校就像一块玉石，它的纹理怎样？弄清了学校的“纹理”——它的本质特征、它的运行机理，它的核心要素等，再去因势利导，这就是管理，这也才是“管理”。明确这一点很重要，有一位年轻的、很有名气的校长就曾经在一篇公开发表的文章中说学校是校长的“作品”，甚至说学校就是校长手中的一块“泥巴”，我毫不客气在旁边批上了两个字：“放肆！”学校应当像一块玉石，我们需要时时警惕：别把它弄砸了、弄毁了。

因此，我们有必要不断细察学校的“纹理”，对一些不言自明的东西作深入的追问，因为正如黑格尔所说，人们经常挂在嘴边的名词往往是人们最无知的东西。

---

① 《教育科学研究》2002 年第 11 期。

首先我们考察学校。

对"学校"到底该如何界定？请看《现代汉语词典》：

学校：专门进行教育的机构；机构：泛指机关、团体或其他工作单位；单位：指机关、团体或属于一个机关团体的工作部门；部门：组成某一整体的部分或单位。几个概念循环"互释"，反倒难以理解了。

我们不妨换一种文化视角，不要老是拘泥于经典定义。比如"市场"（现在使用频率极高的一个词语），西方认为是"某种劳务和物品的一群买者和卖者"①。我们认为是"商品交易的场所"②。两者区别很明显，前者着眼在人，后者着眼在物。黑格尔说，关于某物是什么的问题总是多义的。有时多一个定义就能多认识一个侧面，众多侧面就能形成一个全面完整的整体。

什么是学校？借鉴经济学，学校是基于某种教育需求关系的一群教育者和受教育者；借鉴社会学，学校是共同建设和享用某种文化产品的一群教育者和受教育者（受胡锦涛总书记关于和谐社会要在共建中共享、在共享中共建的启发）。不管怎么说，学校离不开人——教育者和受教育者。构成学校的核心因素是人群——积淀、传递、生产有价值的文化的人群。

既然构成学校的核心因素是人，那就不能不首先关注教师。

接着我们再考察教师。

教师是什么——这个问题本身就不准确，"什么"意味着被物化，教师是人，不应当作为物来定义。所好《教师法》的规定还比较人

---

① 〔美〕曼昆：《经济学原理》。

② 《现代汉语词典》。

性：教师是教书育人的专业人员。但是接下来就要追问：教书教什么书？是教狭义的“书”（教科书），还是教广义的“书”？是教静态的文本的书，还是教鲜活的生活的“书”？育人育什么人？是育卢梭意义上的自然人，还是[illegible]意义上的社会人？是着眼于康德意义上的个体的人，还是[illegible]我们习惯上的概念化的抽象的人？再说怎么育？是按照农耕模式，采取生态化、个别化的培育方式，还是按照工业模式，采取批量化、规格化的型塑方式？

在我看来，对“教师”的理解可以分成两个方面。一是从哲学的角度理解，他是人，所以叫“人员”；二是从社会学的角度理解，教师也是一种职业，但这种职业有它的特殊性——文化传承。人的生命可以分为两种，一种是自然生命——生物性的，相当于“活着”，生老病死，与其他生物无异。另一种是文化生命——意义性的，相当于“活动”，“自由自觉的活动是人类的特征”[①]。怎么才能把自发自在的“活着”（自然生命）提升到“自觉自由”的“活动”（文化生命）？一靠文化本身——人自身的文化基因和社会文化的浸润，二靠教育——人类社会有目的、有计划的文化传承机制和方式。所以，苏霍姆林斯基在帕夫雷什中学门口留下校训：“你们到这里来的唯一目的就是学会过有目的的生活。”

啰里啰唆，说到这里，概括起来，就两句话：

一、作为“人”的教师和学生是学校存在的理由和依据；

二、作为一种社会职业的教师承担着赋予学生和自身以文化生命的神圣使命。

那么校长呢？他在学校中的角色怎么定位？

---

① 马克思：《1844年经济学哲学手稿》。

有人说，“校长是学校之魂”（陶行知），我承认这话有一定道理，但也只是“一定”。为什么？因为鲁迅先生曾说，中国只有两个“魂”，一个是“官魂”，一个是“匪魂”——非“官”即“匪”。作为校长，由于长期生活在传统文化之中，受帝王文化和流氓文化的双重影响，一旦登上校长宝座，骨子里头的官匪混杂的本性很容易显现出来，倘若一味以“学校之魂”自居，弄不好就变成君临学校之上颐指气使的“太上皇”（比如那位校长把学校比作一团泥巴，就有这种味道）。所以对“校长是学校之魂”要严格加以限定：当学校原本就有优良的传统，就有深厚的文化底蕴，换句话说，本来就有“魂”，校长的任务就是守“魂”、护“魂”；当学校误入歧途或跌入低谷，没有明确的价值目标和坚定的精神支柱，换句话说，失“魂”了，或者邪“魂”附体了，校长的任务就是唤“魂”、寻“魂”。无论如何，校长不能将自己的个人意志强行充当学校的“灵魂”。

我很欣赏以下一段话：

一位优秀的校长，眼观六路，耳听八方，确立学校办学的中心，以及校长所引领的教师群体，能赋予学校以灵魂，他们的人格，他们的教育理念和教育信仰，充实了学校的灵魂，整个校园流淌着的是人生命的灵动和求知的乐趣，而不是空空的装满了现代化摆设、外表辉煌如宫殿的躯壳。①

我觉得，这段话中的“赋予”和“充实”应当作为“校长是学校之魂”的必要补充。据此，我心目中校长的理想境界是：

① 刘铁芳。引自其教育人文博客。

学校的形象大使和精神领袖。

二、文化货郎与思想泥鳅——我的实践追求

形象大使和精神领袖，这是一种很高的境界，极少有人能够达到。民国年间还可以掐指数几位，如浙江大学的竺可桢，清华大学的梅贻琦，北京大学的蔡元培，南开大学的张伯苓；稍后恐怕只有马寅初堪称，再后呢？不知道。反正我辈绝对做不到。我能做到什么水平？

文化货郎与思想泥鳅

1. 当一个文化"货郎"，让文化在学校中无处不在

我出生于偏僻的农村，读初三那一年才第一次进县城。小时候印象很深的是货郎担，拨浪鼓一响，农村的孩子简直乐开了花，所以后来郭颂的一曲《新货郎》我百听不厌。一旦当校长后，意识到文化含量的多少将决定一所学校品味的高低，我就自比"货郎"了。

①"货郎"对应于师范院校和培训机构而言。后者像一座大商场，规范化、系统化、学术化，尽管科系部门齐全，但一般教师难得问津；校长不一样，校长生活在学校，可以在师生中间像货郎一样"走村串户"，贴近底层，了解"民情"，可以灵活地"兜售"最急需的文化产品。

②"货郎"对应于专家学者而言。后者像一个专卖店，大品牌，高档次，主要消费群体是贵族，一般人望而生畏；校长呢？应当面向底层，重实用，着眼于"小商品"、大众化，以"杂"见长，广泛链接。

校长的文化渗透是随机性的，不拘形式。

一次在学校食堂的餐桌上，一位教师说起课堂对话。我问："有

三个概念：对话、对话体、对话性，听说过吗？”这位教师神情一下子凝重起来，沉思半晌，说不知道。我说：“倘若真的要研究课堂对话，恐怕至少要了解一下巴赫金的对话理论，否则很难研究出有价值的东西。”这位教师问：“哪儿有？”“我有，三联书店出版，董小英的《再登巴比伦塔——巴赫金与对话理论》”，我告诉他。这位教师立即借去阅读，后来先后获得了江苏省和全国小学青年教师语文教学观摩一等奖。我们不应当、也不可能要求所有语文教师都去钻研巴赫金，但对于特定对象，我们又要着意向他推荐巴赫金。

校长的文化渗透是个别化的，不求统一。

一次，我看到一位教师正读一年级的儿子，在其办公室内写日记，小手以畸形握笔，实在心疼。我问这位教师：“听说过张之洞吗？”那教师一脸狐疑：“听说过，大军阀。怎么？”我笑笑说：“你不知道，张之洞是《癸卯学制》的制定者呢。给你看一段话，张之洞的，题为《戒早开笔为文》。”

> 枵腹搜枯，苦而无益。破承起讲，枝节成篇，终身不得佳矣，近今风气，年方幼学，五经未毕，即令强为时文，其胸中尚无千许字，何论文辞，更何论义理哉！常见有开笔十年，而文理尚未明顺者，岂非欲速反迟？多读书，多读古文，多读时文，沛然有余，再使操觚，自然可观，稍加绳削，期年即已入彀。岂不甘苦全绝哉？

从此，这位教师再也不叫自己的儿子每天写日记了，而是改为引导阅读。等到后来试卷上有写短文的要求，一样写得很棒。

长期以来，我对自己的要求是，努力当一个文化型的校长。

文化型校长的文化品性表现在四个方面：

①阅读量。有几本看家的书、有几十本精读的书、有几百本像样的书。王策三先生在我的办公室里看过我的书橱，他说有许多书他没有，这是他老人家对我极大的鼓励。

②知识面。求宽求杂，如王夫之所说“杂因纯起，杂以成纯”，因为教育是没有边界的，比如哲学、美学、经济学、社会学、人类学、政治学、伦理学、医学、传媒学……我都尽可能备一点这方面的著作，闲来翻翻，虽一知半解，但实践证明大有裨益。

③理论视野。从历史的维度看，教育的源头在远古，所以对雅斯贝尔斯所说的古代“轴心时代”（西方的古希腊时代、中国的春秋战国时代）的圣哲，比如苏格拉底、孔子等，不能有任何的轻慢；从现实的维度看，当代众多的哲学家、教育家，不能厚此薄彼，甚至独尊一家，宁可“眼高手低”，也不要做“井底之蛙”。

④批判精神。敢对权威说“不”，敢对时尚说“不”，敢对定论说“不”。这需要思想的底气和利器，而这种底气和利器主要来自哲学，因为“大多数一般性的教育问题都是哲学本身的问题”（乔治·奈勒）。

2. 当一条思想“泥鳅”，让教师的思想无时不活

我家在农村，小时候喜欢捉黄鳝。黄鳝生命力很强，放在坛子里能养好多天，不过有一个诀窍，要放一两条泥鳅，泥鳅会搅得黄鳝不停地游动，活力大增，所以不会死，这其实就是管理学上的“鲶鱼效应”。我是土人，但知道校长要努力激活教师的思想，所以自比“泥鳅”。

什么是“思想”？按照《现代汉语词典》的解释，一是指客观存在反映在人的意识中经过思维活动而产生的结果。这主要指静态的概念体系；二是“思量”，指人的动态思维过程。

教师是实践工作者，但教师的实践是人文实践，不同于科学实践。科学实践是清晰的、线性的、纯客观的、可重复的，而人文实践是模糊的、弥散的、情感性的。正因为如此，人文实践既需要随时吸纳思想成果，又需要具备反思能力。换言之，既要把握静态的概念体系，又要具备自觉的反思能力。

多年的误导与驯化，多数教师已经成为无“家”可归的流浪者——离开了精神之“家”，沦落“风尘”。当教育成为经济的婢女和政治的侍臣之后，教师就集体沉沦为工具，既无需拥有完整的思想体系，也无需进入自觉的思想过程，于是不但丧失了辨析、选择、反思、重构这些人文实践不可或缺的基本能力，而且对理性精神和形而上学也不屑一顾。

黑格尔曾说：“一个有文化的民族竟然没有形而上学——就像一座神庙，其他各方面都装饰得富丽堂皇，却没有至圣的神那样。”[①] 十多年来我在公开场合多次重复两句话，一句是：思想是自由的，行为是规范的；一句是：实践中思考，思考着实践。这两句话既是对教师的要求，同时也是对自己的诫勉。

①思想是自由的。校长的任务是激活，而不是强加。

罗素说过：“事实上，受教育最多的人，他们的思想和精神生活变为萎缩是极常见的事，他们缺乏冲动，只拥有一定量的机械式的才能来代替生活的思想。”[②] 面对在强大的行政体制下早已习惯于“听命”的当代教师，要重温“煮青蛙的故事”，将其从思想“沉睡”中唤醒，使其“心神不宁”。

---

① 转引自何中华：《治“大学”若烹小鲜》，《书屋》2007 年第 3 期。

② 同上。

课改伊始，“人人学习有用的数学”几乎成为口号。一次，我问一位很不错的数学教师，这个口号的正当性何在？他答不出，只说是许多专家都这么说。我说：凡属于科学的理论，原则上都可以反驳和否证，一种不能为任何想象的事件所否证的理论是非科学的。他听了两眼紧盯着我，问这话是谁说的。我告诉他是波普尔。他非常吃惊，一定要读波普尔的书，于是我将《开放的思想与社会——波普尔思想精粹》（江苏人民出版社版）借给他。后来他以感叹的语气对我说：“读了波普尔的书，我感到前几年的数学全白教了。”从此，他一改常态，阅读了不少数学理论书籍，后来还送我一本美国克莱因著的《西方文化中的数学》。

②思想是开放的。校长的任务是“放逐”，而不是限定。

教师是不是专业？当然是。但是由此就一定要强调“专业化”，甚至走向“专业主义”，那恐怕不是一件好事，尤其是对中小学教师来说。

为此，我特意向教师推荐阅读爱德华·W·萨义德的《知识分子论》。萨义德主张知识分子应当是一个“业余者”。他说：“陷入专业化就是怠惰，到头来照别人的吩咐做事，因为听命于人终究成为你的专长。”结果只能“戕害了兴奋感和发现感，而这两种感受都是知识分子性格中不可或缺的”①。

在“教师专业化发展”呼声越来越高的今天，要特别警惕“模式化”和“技术化”的倾向，尤其是对借助行政推出的“著名特级教师”的东西，不能顶礼膜拜、刻意仿效，否则会导致广大基层教师的“去个性化”，那是教育的悲剧！教育教学的最佳境界应当一校一特

① 萨义德著，单德兴译：《知识分子论》，三联书店2002年版，第67页。

色、一人一风格、一课一样式。所以我曾经提倡教师要有“四想”（其实校长本身也应如此）：朝思暮想（持久性）；冥思苦想（深刻性）；胡思乱想（开放性）；奇思妙想（创造性）。

③思想是批判的。面对时尚，校长的任务是不断地打问号，而不是跟着起哄打感叹号。这需要一种思维品质。

“教育是极其严肃的伟大事业”。（雅斯贝尔斯）当今是浮躁的社会制造浮浅的教育，而浮浅的教育又迎合浮躁的社会。当教育以“改革”为名而频繁地花样翻新的时候，特别需要敢对时尚说“不”的勇气，需要拒斥诸多诱惑的犟劲。

著名学者殷海光回忆他在西南联大读书时，曾向金岳霖先生请教：哪一派是真理（那时时局动荡，政治声音很嘈杂）？金岳霖先生沉思了一会，说：“凡属所谓的‘时代精神’，掀起一个时代的人兴奋的，都未必可靠，也未必能持久。”殷海光又问：“什么才是比较持久而可靠的思想呢？”金说：“经过自己长久努力思考出来的东西……比如说，休谟、康德和罗素等人的思想。”①

一位在全国赫赫有名的特级教师教《一夜的工作》，其中一个片段屡屡见诸报刊，好评如潮，说“以‘宫殿’为圆心，展开想象，对文本进行辐射性解读……上缀下联，力透纸背，把文本解读变得如此‘饱胀’起来”。可我总觉得大可商榷，为了让教师不被时尚所迷惑和误导，需要给他们适当泼一点冷水，于是我撰写了《深度开掘与平面铺陈》，剖析了这一好评如潮的教学片段，供全校教师讨论批判。后来教师半真半假地邀我按照自己的解读进入课堂，尽管我已长时间不教小学语文，还是走进了课堂，非为其他，只是想让教师懂得：迷信

① 参见刘铁芳教育人文博客2007年5月15日。

和盲从与教育教学的自由精神相悖。

后来，《教育参考》在发表我的拙作时加了以下编者按："……课堂教学中的'辐射'性解读，当然可以给学生一种微言大义的幻觉，但脱离实际的空谈，最终只不过在地面上徒增一些'脐下三寸'式的滑稽而已。语文究竟要教的是什么？这个本来不是问题的问题却成了一个颇大的问题。金沙先生给我们这样一个答案，语文，首先要让人知其意，察其情。他的意思是要我们应当从文本的字里行间，品味出深意存焉，立足文字的本源，恐怕才是情感的滥觞。"不管正确与否，或者有几成值得肯定，至少是让教师听到了不同的声音，不至于全都成为几个头面人物的"粉丝"。

我坚信，一个校长只要做到了以上两点——让文化无处不在、让思想无时不活，学校就没有理由办不好，不信请试。

三、简短的结束语

等级观念在我国根深蒂固，比如校长，现在有"名校长""模范校长""优秀校长"之不同称谓，又有省级、市级、县级之不同级别，两年三年一评，煞是热闹。但正是这种官方的热评，导致了校长的整体性退行。我倒是十分欣赏当年浙江大学有人对竺可桢所作的评价："这种传薪播火、筚路蓝缕的学术使命和文化责任感，远非职业精神、敬业精神所能涵括。"① 你说这种使命感和责任感怎么评？今天，我是把"形象大师与精神领袖"作为最高层次，那是高悬于天空、只可仰望的；我用"文化货郎与思想泥鳅"的形象表述作为中间层次，是

① 傅国涌：《三个大学校长》。沉冤编：《逝去的大学》，同心出版社 2005 年版，第 133 页。

"实践追求","追求"东西严格说来也是难以达到的;我知道自己是一个小学校长,时刻提醒自己不要忘了这个"小"字,必须尽力从低处、小处做起——抬头做人,低头做事。

什么叫"抬头做人"?很简单,三"不":不贪、不奸、不媚。所谓不贪,因为现在社会的诱惑太多了,金钱、权力、美色、荣誉、地位、职称……尤其是金钱,绊倒了多少校长?我有一首打油诗:"不但要有发财的心,而且要有发财的命。如果没有发财的命,趁早死了发财的心。"所谓不奸,不是指生活作风,而是指待人以诚,不奸诈,因为现在社会上政客、官痞太多,玩弄权术不以为耻,反以为荣,那是健康情感的腐蚀剂。所谓不媚,是指有主见、有骨气,拿得起,放得下,不吝惜"官帽",不屈从威权。

抬头做人是一条底线,守住底线就是"保本经营"。不要以为"保本"很容易,其实,在当今社会,真正能够始终守住底线是一件很不容易的事,许多很有前途的校长,一不小心就倒在底线之下。请记住里尔克的话:"有何胜利可言,挺住就是一切。"

什么叫"低头做事"?也很简单,三句话:

①理应别人去做的事,放心放手让别人去做。

一个文化素养厚实的校长,应当懂得尊重他人、信任他人。我以为,尊重和信任比表扬和奖励还重要,尊重和信任是"前置",能够唤醒人的主体意识和责任意识;表扬和奖励是"后缀",可能会诱发人的功利意识和臣民意识,弄不好还会引发争名夺利。

②倡导大家要做的事,自己首先默默地悉心去做。

一个文化素养厚实的校长,应当懂得"桃李不言,下自成蹊",知道前人所说的"从游":"大鱼前导,小鱼尾随,谓之从游;从游既久，其濡染观摩之效，自不求而至，不为而成。”[①]

③应当自己去做的事，责元旁贷踏实细致地去做。

一个文化素养厚实的校长，应当懂得尊重自己。尊重自己不是自傲自负，而是时时知道自己的权利与义务，尤其要有自觉的责任担当，不轻狂、不苟且、不欺瞒，永远以平常心做平常事。

① 梅贻琦：《大学一解》。

解放学校　解放教师

——现代学校制度建设的根本目标

如果现在让教师据实回答：一天下来最大的感觉是什么？恐怕十有八九都会说：累，太累！其实校长又何尝不是，“累”是学校中人共同的感觉。由此想到留美学者胡学华 1998 年曾致书朱镕基总理：“近日看到克林顿访问中国的 CNN 新闻，克林顿的轻松之态其实是一种制度的轻松，而您的疲惫其实是一种制度的疲惫。”① 那么，我们的累是否也是一种制度的累呢？为了教育的持续健康发展，我们能不能让学校制度建设的过程同时成为解放学校、解放教师的过程呢？

一、从体制上解决“政府占位”，让学校具有独立的主权地位

按理说，学校作为社会法人，应当无可争议地具有主权地位，而对学校主权地位的根本保证就是政府经费投入的“到位”和从管理领

① 参见杨东平编：《教育：我们有话要说》，中国社会科学出版社 1999 年版，第 443 页。

域“让位”。可现在有些地方政府该到位的不到位，该让位的反倒去占位，不是认真“办”教育，而是热心于“管”教育，一字之差，结果迥异。所谓“办教育”，那主要是尽义务、尽责任。对于义务教育来说，至少要依法提供应有的办学条件，依法投入足够的办学经费。现在倒好，一句尚有争议的“教育产业化”一下子将教育纳入了“以经济建设为中心”的轨道，成了“新的经济增长点”，于是学前教育改民营，优质学校忙改制，薄弱学校忙撤并，说穿了，无非是千方百计少投入或不投入。实在推诿不了，那有另一样武器，叫“人民教育人民办”（当然，“什么什么人民办”已成为不少行业向老百姓摊派的堂皇理由）。这话当然没什么错，可一旦出发点偏了，问题也就来了。为什么教育乱收费成了一个顽症，越治越难治，就因为政府投入严重不足，有些学校万般无奈便打歪主意，而后面说不定就有政府或明或暗的支持，甚至就是政府授意所为。历年来不断查处乱收费，其实查来查去很多都查到政府头上，不少学校都是代政府受过。对这种现象，大概谁都心知肚明，只是不想捅或不敢捅，因为捅了又能怎么样？有的地方政府通过对学校预算外资金（大多是超计划招生或委培生收费）提成，“开辟”政府财政收入新的来源；有的乡镇政府连学生的杂费都统起来，绝大部分用于“贴补”政府财政的“缺口”。多年以来，学校的办学经费根本无法保证，有的学校靠校长跑关系“争取”，有的学校靠违规违纪乱收费。这样一来，学校既没有恒定的财产权，更没有独立的支配权（许多中小学已经不设会计，所有资金都进了“笼子”由财政部门统管），经济上就完全处于仰人鼻息的依附状态。

与此同时，许多地方政府又总喜欢（大凡长官意志都有浓厚的个人感情色彩）把中小学绑在自己的政府车辕上，美其名曰“为当地经济建设服务”。像创建文明卫生城市啦，招商引资啦，经贸洽谈会啦，各类现场会啦，等等，学校动不动就要服从政府统一指挥，积极参加，搞宣传、造气氛、“营造投资环境”。安徽阜阳出了个王怀忠，为了实现其建造全世界最大的动物园，养千只老虎、万头巨鳄的“宏伟计划”，教师、学生统统都要去“义务劳动”，开挖“龙潭虎穴”。动物园没建成，自己荣升了副省长，当然后来落马以至最近被处以极刑也是报应。在全民“招商引资”运动中，学校和校长都有指标任务，并与党政部门一起考核；而有的农村乡镇政府连向村民收“两上缴”、限制农民不得到外乡镇出售蚕茧、棉花之类，都要给教师摊派任务，甚至用学生当“人质”去完成任务。尽管学校极不情愿，但因为中小学既无恒产，又无财权，都是吃“财政饭”的，谁都不敢开罪于政府，只能乖乖地“听命”。这样，学校又在办学行为上不得不处于被动的受制状态。

现在学校中还有一个在官场用惯了的术语叫“提拔”。这本无可厚非，但不用“聘任”用“提拔”，无形中给人一种等上等下之感。教师教出点成绩来，就可以“提拔”为主任、校长之类，一般学校的校长当出点名堂就“提拔”到重点学校，并冠之以“科级”“处级”之类，使之有个“准官阶”；再有被官员看中的，就直接进入政府机关大门，或早或迟当上一个“长”。这样一种官本位的升迁模式再清楚不过地表明，学校和教师都不能成为价值主体，只能依附于行政。有没有行政级别、有什么样的行政级别成为学校中人身份地位的标识，“教而优则仕”成为许多教师的目标取向，以致许多“特级教师”（尤其是年轻有为者）也并不甘于一直教书，而纷纷弃教从政，觉得还是当上一个什么“长”才有着落。不少校长也就自然唯官员马首是瞻，因为离开了官场和官阶，他们委实找不着自己的价值坐标。这样，在人事关系上，校长和教师又被牢牢地附着于传统的文官等级制。在这样的体制下，学校最终只能沦为政府的附庸。

看来，关于学校制度建设，首先要明确：制度只是一种契约，时髦的说法叫“游戏规则”。制度并不意味着谁拥有的权力比谁更大更多，也不意味着谁天生可以管辖谁。从这一意义上说，学校作为独立的社会法人，必须走出“教育行政化”的阴影才有出路。有人曾针对高校的情况说：“高校不是或不完全是真正意义上的高校，而是行政体系（广义的行政体系，包括党、政、团、各种‘群众’组织等官僚队伍及准官僚队伍）在高教系统的延伸。其主要特征是：庞大的行政队伍（包括主管部门和学校内部的）是支配和支撑高校的真正主体；单位和人员按权力框架编排在不同位格等级中；权力意志是高校运作的根本的价值信号；权力价值标准和价值根据是评价人的行为、肯定人的价值的根本标准和根据。”① 这种“教育行政化”的倾向在中小学尤甚，它实质上是一种政府侵权，其结果只能扼杀学校的生机和活力。因此，要建立起现代学校制度，政府首先要给自己准确定位，明确自己的职能和责任，切实承担起举办教育的责任，同时改变过去一切由政府统包统管的做法，赋予学校应有的独立地位和主权，不要把学校当成政府的部门动辄插手干预，也不要把教师和学生当成官员的下属和臣民随意役使。

二、从机制上解决“领导越位”，让学校和教师拥有自主发展空间

如果说，教育行政化作为一种制度设计和安排，已经先在地决定

① 孙美堂：《沉重的“教改”话题》，《方法》1998 年第 9 期，转引自冉云飞著：《沉疴 —— 中国教育的危机与批判》，南方出版社 1999 年版，第 147 页。

了学校的依附性，那么，现在的管理运行机制又在进一步强化这种依附性。学校也好，教师也好，本来都应当走一种个性化、特色化的发展道路，都需要足够的自主发展空间。可现在一个小小的县（市），其教育主管部门往往都有十多个下属机构，上百名工作人员，到了学校都是“领导”。这些“领导”都是要“做事”的（当然所做的事到底是不是都有实效那是另一回事），到了年底，每个部门都要显示本部门地位重要，每个人都要展示自己的工作和成绩，尤其是到了年终总结会（按照惯例，这样的会是非开不可的），大家都想在年度总结报告中占有一席之地，以示本人或本科室不比别人差，同样有“政绩”。这样一来，基层学校可就遭殃了。据一所县城小学反映，2003年9、10、11三个月，单接待各种名目的活动就有20次以上（当然有些都郑重声明是因为“非典”影响，上半年没有搞成。难怪学校中许多人现在很“留恋”“非典”，因为“非典”期间，学校反倒安宁，校长和教师反倒清净），几乎周周不断，有时同一天要接待几批，连有的活动组织者自己都承认：“这实在是扰民！”在这种频繁的走马灯似的活动压力下，学校只有招架之功，很多东西都是“应景”：活动之前突击准备，活动过后赶快“转向”，因为又有新的活动要应付。如此循环往复，疲于奔命。

活动频繁必然导致形式主义、弄虚作假。活动组织者也略知基层的苦衷，但他“条条”上有要求，“块块”上要攀比，不搞不行，因此有时只要在形式上能满足自身需要，虚实真假无关紧要。基层应付者深谙此道，也不会傻乎乎地全都硬碰硬去做，实际上也不可能真正做到，于是就造台账、编数据、整资料，做表面文章，反正你知我知大家知——就那么回事。据说歌星那英最近一年都是对口型假唱，我辈倒能理解：整天赶场子，嗓子早就哑了，你又非得要她唱，不假唱咋办？最典型的莫过于档案了，按说，档案是最原始、最真实、最客观的文本资料，一旦立卷，就是任何人不得随意改动的史实。现在倒好，几乎每次检查、评比、考核、验收，都要求学校专门提供一套资料，而且必须按照自己的指标体系逐项准备，提供详细的档案卷宗索引都不行，似乎没有一套资料，本次活动就没有面子、不够规格。结果迫使学校把档案拆来拆去、换来换去、补来补去，一会儿这样归类装订，一会儿那样归类装订。为了“全面”达标，有时还不得不“补救”“完善”，说白了就是伪造和篡改，设备纸张耗费惊人姑且不论，最痛心的是档案最后变成了既不规范、又不可信的一堆废纸。笔者也先后参加过一些检查评估活动，那些“卷帙浩繁”的资料，越来越多是纸张、墨色、字体高度统一的打印、复印件，牛头不对马嘴、张冠李戴是“正常”的事。有人说，现在是浮躁的社会制造浮躁的教育、浮躁的教育迎合浮躁的社会，也许并不为过。先辈陶行知先生曾给后人留下一副对联：“千教万教教人求真，千学万学学做真人。”现在看来，两个“真”字都已差不多要用“假”来替代了，真不知这是谁之过？将来我等又有何面目再见先贤在天之灵！

“领导越位”说到底是源于民主精神的缺失，是专制集权思想导致的权力滥用。看来，要建设现代学校制度，还必须解决权力分割和制衡问题，为制度的有效运行提供适宜的环境。阿根廷政治学家基尔摩·奥唐奈在论及能够发挥作用的制度环境时曾说：“制度包括吸收和排斥两个方面。根据资源、主张和程序，它们决定谁可以被接受为它们的决策和执行过程的正当参与者……一种制度发挥作用的范围在于它吸收和排斥与它相关的一系列潜在的参与者的程度的大小。”① 要真正解放学校，解放教师，除了政府要精简部门机构外，主管部门

① 转引自刘军宁编：《民主与民主化》，商务印书馆 1999 年版，第 50 页。

一要减少人员，免得“人多人忙人”，谁都可以把学校当作自己的“跑马场”，动不动就来“牵着马儿过山冈”；二要调整思路，不要求全、求细、求具体，热衷于制造“普罗戈拉斯蒂斯铁床”，逼着基层削足适履，不妨弄几条基本要求和原则，让学校和教师放开手脚谋发展；三是转变作风，要把服务学校、服务教师，真正帮助学校解决那些学校自己不能解决的问题作为工作重点，不要花样翻新，今天评“重点”，明天评“示范”，后天又评“星级学校”，弄得学校门前奖牌泛滥，让人看了生厌。

三、从观念上解决“认识错位”，让学校和教师焕发出创造活力

制度建设实质上也是一种文化建设，任何一种制度安排都是特定的文化产物，任何一种制度运行也都渗透着相应的思想观念。有学者认为，制度文化属于中层文化，处于表层物质器物文化和深层精神文化之间，其变化虽不像精神文化那样惰性很大，但也不易。[①] 在中国，以孔、孟为代表的儒学一直处于独尊的地位，儒家文化已经深入人们的骨髓，成为支配人们行为模式的潜意识。哈佛大学政治学教授亨廷顿认为：“儒家社会缺少抗衡国家之权利的传统……对秩序的维持和对等级的尊敬是核心的价值。”[②] 这一看法是否全面暂且不论，但我们历来主张国家至上，认同等级观念，把依附性人格作为精神典范。在这种传统文化的熏陶下，不少人总是自觉不自觉地以“唯上智与下愚不移”的心态对待基层学校和教师。教育本来起源于民间，学

① 参见萧莛父：《吹沙纪程》，上海文艺出版社 1998 年版，第 57 页。

② 转引自刘军宁编：《民主与民主化》，商务印书馆 1999 年版，第 374 页。

校和教师最具原创力，可不少领导总是认为，教育的真谛全在他们手里，只有他们才能“全面”贯彻教育方针，离开了他们的指挥和监督，学校和教师不是无所适从，就是懈怠偷懒，因而总是居高临下、指手画脚。他们不是从每所学校自身特点出发去考察学校，挖掘学校的独特和首创，而是以他们自以为是制定的统一的“指标体系”去衡量和品评所有学校，用“一刀切”的做法迫使学校放弃个性，“委曲求全”，反复“钻研”考核指标，仔细“踩点”算分，甚至不惜弄虚作假去满足指标要求，因为任何成绩只有“领导”认可了才有效用，也只有上级领导或有权部门的评价才具有权威性，而许多“一票否决”也让学校不敢有丝毫不逊或懈怠。

教育本来充满着人文精神，具有很强的整体性和模糊性。但现在行政部门过于看中“严”“细”“实”，不但制订统一的指标体系，什么一级指标、二级指标、三级指标，加起来少则三四十条，多的七八十条，而且每条又分成 A、B、C、D 等若干等级，每个等级的认定又规定几种方法，按图索骥、逐项量化、精确记分。请注意，每个部门，每项考核，几乎都有各不相同的指标体系。真亏了行政官员的“兢兢业业”，搞得如此完备周详，可怜学校简直忙得晕头转向，应接不暇。而一旦发现学校和教师忙得不亦乐乎，领导们也就“放心”了，说不定也就找到了当领导的感觉。

更可怕的是，现在因为少数教师的违法犯罪行为不断在新闻媒体披露，弄得整个教师队伍都灰溜溜的。有些行政官员（包括准官员）似乎从骨子里头瞧不起教师，一不顺心就念“紧箍咒”，用体罚呀、推销资料呀、索要钱物呀、吃请呀、家教呀等让人一听就觉得猥琐的问题数落教师，加之有些媒体不负责任地推波助澜，恣意损毁整个教育和教师队伍的形象。我们说，教师中确实存在不少问题，加强教育也是必要的，但要在常态下进行。教育事业是神圣的，但不能要求每个教育工作者都是神仙，就好比共产主义事业是无私的，但不应强求每个共产党员都拒绝私利一样。现在不少人恨不得每个教师都是道德完人和技艺超人，而且能满足所有人的要求，稍不如意就横加指责，这种用神圣化的标准去苛求普通教师的做法，哪里是对教师的尊重，简直是对教师的歧视，其结果只能像美国法官道格斯所说："当猜疑的气氛充斥的时候，用丧失职业的恐惧心理把教师们收拾得俯首就范，那就不可能有才智的自由发挥。"①

在我看来，制度重建固然重要，但制度并不万能，因为任何一种制度都必须真正有效地运行起来才有意义，这就必须重视观念文化的变革，其中至关重要的是民主精神和民主化进程。前联合国秘书长加利曾指出："民主不是以集体为代价来肯定个人；个人和集体的权利、个人和群体的权利能通过民主来协调。""要培养一位公民对于参与其国家的发展的积极性，激发人们的活力、想象力和责任感，最佳的方式就是承认和尊重人的尊严和人的权利。"② 俗话说，闲暇出智慧，轻松显精神。校长也好，教师也好，自己总觉得时时处在"冷眼"之中，不被人尊重，不被人信任，加上校园安全令人担忧，许多人都觉得提心吊胆，这种精神的疲惫、心灵的伤害也许比体力的消耗更摧残人。国家中小学生心理健康教育课题组前不久曾对辽宁省 168 所城市中小学的 2292 名教师进行检测，结果发现，心理障碍发生率高达 50%，接近正常人群的 3 倍。现在，教师普遍体质下降，许多教师生理上的疾病往往都与心理疾病有关。这几年，一旦公务员招考，教师

---

① 转引自罗锦成：《宪法的精神》，《书屋》2003 年第 10 期。

② 转引自刘军宁编：《民主与民主化》，商务印书馆 1999 年版，第 313 页。

趋之若鹜；师范院校招生，把其他高校退档的考生“收容”来还不够数，谁还敢说，教师是“令人羡慕”的职业？

说到这里，我以为，对于制度建设，我们必须跳出一个认识误区——从制度是人们共同制定并遵守的办事规则和行为准则的经典定义出发，认为制度就是规范和约束。制度固然是规范、是约束，但又绝不仅仅局限于规范和约束，制度更重要的功能、或者说最根本的目的恰恰在于解放——解放人、解放生产力。对于教育制度而言，就是解放学校，解放教师，这应当作为学校制度建设的根本指导思想。因此，现代学校制度的建设绝不只是哪一方面的事，更不只是少数人的事，而必须全员参与；现代学校制度的建设绝不仅仅是文本设计和理论构建，而必须首先从观念层面起步，用民主精神为制度大厦奠基。一方面，各级领导要改变思想、调整心态，自觉地以平等、尊重、信任、赏识的态度对待学校和教师，多一些宽容，多一些理解，给一点尊严，给一点体面。另一方面，学校和教师要克服消极抵触情绪和传统的“等、靠、要”思想，以积极的姿态主动参与学校制度的改革和建设，自觉地把建立现代学校制度体系看作是为自身的持续稳定发展搭建坚实的平台，把营造民主化的学校管理环境看作是谋求自身解放、实现自身价值的最佳途径和根本保证。

（原载《教育参考》2004 年第 2 期）

以古典的心态涵养学校精神（代跋）

让我们来共同阅读下面一段话：

在群众秩序的生活中，大多数人的教化倾向于迎合着普通人的需要。精神因其散漫于群众之中而衰亡，知识则由于被合理化地处理到让一切浅薄的理解力均能接受的程度而贫困化了……群众的人很少有空余时间，他所过的生活也不同整体相适应。他并不想要做出什么努力，除非有一个具体的目标，并且这个目标是可以用实用价值的词语来表达的。他不会耐心地等待事情的成熟，每一种事情对他来说都必须提供某种当下的满足。甚至他的精神生活都必须服从于他的转瞬即逝的快乐。

——［德］卡尔·雅斯贝尔斯著，王德峰译：《时代的精神状况》，上海译文出版社 1997 年版，第 108 页

这是德国著名哲学家雅斯贝尔斯在 1930 年说的。七十多年过去

了，这段话依然直砭时弊。在当代社会现代化和世俗化并进的过程中，知识的急剧增长与贬值，信息的快速传递与泛滥，把教育的世袭领地冲得土崩瓦解。教育本是一种文化传承，可现在文化变成了消费和消遣，金钱占据了至高无上的统治地位，学校也就陷入了精神迷惘之中。此时提出“学校精神塑造”的问题，也就显得十分及时和必要。

什么是学校精神？这牵涉到对“学校”和“精神”的理解。何谓“精神”？哲学、神学、医学、心理学各有其解释，以致英国学者赖特说：“‘精神’是一个众所周知难以定义的词。”这没有什么奇怪，人们理解某一些事物，总是出于特定的目的，选取特定的视角，运用特定的方法，这就难免“瞎子摸象”。尽管概念的泛化一直为专家学者所诟，但在现实中，正如海德格尔所说：“关于某物是什么的问题总是多义的。”[①] 有时多一种定义或许还能多一层理解，对于人们的认识和实践也就多一点帮助。倘若我们不拘守经典，将“学校”看作是生产和享用某种教育产品的一群教育者和受教育者（美国人曼昆就将“市场”定义为某种物品或劳务的一群买者和卖者），将“精神”看作是某个个人或群体的气质、风格、性格、品性等的总和，那么，我们不妨将“学校精神”理解为学校教育群体共同形成并具有自身特征的价值取向及其行为模式。

基于上述理解，我以为，学校精神既是群体的，又是个体的，它必须让学校所有教职员工普遍认同并自觉融入整体氛围，同时每个个体有个性化的表现；学校精神既是理念的，又是实践的，它必须以审

① 转引自项贤明：《走向“成人”之学》，《南京师范大学学报·社科版》1998年第4期。

美的、崇善的价值观树立起理想化的学校形象，带有一定的乌托邦色彩，同时又不是坐而论道，而是努力付诸行动，使行为更合目的性；学校精神既是稳定的，又是发展的，它有一些基本的要素，如思想上的自由性和批判性，学术上的独立性和包容性，价值上的潜在性和非功利性，等等，但这些要素又不是孤立的、僵化的，而是充盈着时代气息和社会特征，处于整体互动状态。

对于学校精神，“塑造”是个好的表述，因为它表明，学校精神不可能自己冒出来，也无法从别的什么地方移植过来，而是主观努力的结果，有一个形成、巩固和发展的过程。但它也容易使人产生误解：一是误以为学校精神是一个纯主观产物，看不到社会环境和文化背景对学校精神的潜在影响。难怪有人一时兴起，牵强附会地拼凑一些四言八字或打出一条条大而无当的口号，似乎这就是学校精神。二是误以为学校精神可以速成，看不到作为一项系统工程的长期性和艰巨性，赶时髦、追风潮、急于求成，以便能成为自己的政绩。现在，这些误解不是杞人忧天，许多学校普遍存在“三气”：俗气、浮气、匠气。所谓“俗气”，就是缺乏稳定的价值目标，随波逐流，一味迎合世俗，片面理解甚至故意曲解“教育就是服务”，将教育行为异化为商业行为；所谓“浮气”，就是缺乏必要的文化底蕴，作风浮躁，满足于热热闹闹、表面文章，甚至不惜弄虚作假，制造“泡沫”成绩，其中不少是校长私心作怪，刻意包装炒作，为获取个人名利积累资本；所谓“匠气”，就是缺乏理论素养和思辨习惯，方法至上，技术万能，始终在技艺层面徘徊，最多搞些借鉴和模仿。

人们习惯于说“精神支柱”，这很形象。精神是一种理念，一种信仰，一种追求。作为学校，精神的疲软和缺失就等于断了主心骨，既无法形成自己的特色，也无法跃升到较高的办学层次和水平。如何克服上面的“三气”，以严谨求实的态度，塑造起经得住社会和历史考验的、能为公众认同、并能几代几十代传承接续的学校精神？我觉得，很重要的是一个心态问题，即要以古典的心态涵养学校精神。

什么是古典的心态，这很难一下子说得清。像德国的洪堡大学，保留了一幢幢老楼，厚重的大门连同纹饰、把手都从未损改。在一条不起眼的过道墙上，随意挂着一些不大的黑白照片，每幅照片下有一行若有若无、模糊不清的小字，然而那都是各有成就的教授，其中获诺贝尔奖的竟有29位（我们有的大学，不知道是因为一位也没有，所以就热衷于挂领导人视察的照片，还是因为热衷于挂领导人视察的照片，所以就一位也没有）。他们那种对历史的既不遗忘也不张狂，大概算得上是一种古典的心态。精神大厦的建造如同滴水穿石、聚沙成塔，需要点点滴滴的浸润、涵养，需要经年累月的尝试、摸索、积累和深化，其间贯穿始终的从容、闲适、沉稳、执著、严谨，也许就是古典的心态。

有古典的心态才有敬畏。学校精神不会出于蚂蚁缘槐的无知和蚍蜉撼树的轻狂，而只能出于对宇宙奥秘的惊叹和在人类知识海洋前的收敛。学校精神必须以丰厚的文化传统为根基，因为正如黑格尔所说，“传统并不是一尊不动的石像，而是生命洋溢的，有如一道洪流，离开它的源头愈远，它就膨胀得愈大”[①]。要真正塑造学校精神，必不可少的功夫在读书，以虔诚和敬畏的态度读书，“腹有诗书气自华”。现在有些人热衷于标榜“第一”“首创”“领先”，其实大多不是一叶障目的夜郎式狂想，就是井底之蛙的虚拟神话。比如今天的学会学习，学会做人，学会生活，古人早就有“大学之道，在明明德，在

---

① 转引自萧萐父：《吹沙纪程》，上海文艺出版社1998年版，第2页。

亲民，在止于至善”；今天的德、智、体、美、劳全面发展，大体上也就是孔子的“礼、乐、射、御、书、数”……单单“有教无类”所包含的教育平等的思想和教育公平的原则，就够我们终身服膺。古典的心态应当既不拒斥西方文明，也不鄙弃中国传统；既不盲目地生吞活剥，也不轻率地否定放弃。在一所学校，如果从校长到教师到学生，因为对博大精深的文化典籍的茫然无知而迷信“心想事成”，因为对快餐式文化资讯的沉迷而拒绝读书钻研，很难想象这所学校会有让人称道的、也值得让后人继承和发扬的精神。有古典的心态才有深刻。学校精神不是城头的旗号，它要用思想来构架，要有一点“威武不能屈，富贵不能淫，贫贱不能移”的超现实、超功利的信仰。在现在的许多学校中，依然还是一幅雅斯贝尔斯 1930 年描述的情景：

> 人们迅速地厌倦于他们已经听说的东西，所以不停息地猎奇求新，因为没有其他东西能够激发他们的想象。凡是新奇的东西都被当作正在寻求的最重要的知识而备受欢迎，但随即又被放弃，因为人们所需要的都是一时的轰动……他谈论“新思想”“新的生活观念”“新体育”“新的客观性”“新经济学”，等等。任何东西，只要是“新的”，必定具有肯定的价值；如果不是新的便被认为是微不足道的。
>
> ——［德］卡尔·雅斯贝尔斯著，王德峰译：《时代的精神状况》，上海译文出版社 1997 年版，第 109 页

弃旧图新、辞旧迎新、吐故纳新、破旧立新都是我们的惯用语，唯独忘了“温故知新”。很多人都是掰玉米的猴子，显得十分浮躁。这中间很重要的原因是缺乏哲学素养。从词源看，“哲学”本义是

"爱智慧"，所谓"知人则哲"。哲学并非如有的人所说没有实用价值，恰恰相反，它因为首先是可以激活自身生命活力的生活态度和方式，故而具有根本性的价值。它可以打开我们的眼界，启迪我们的智慧，让我们关注人类最基本的精神价值，使我们在金钱至上、物欲横流的世俗社会中依然能过一种有信仰的生活，为自己构筑起美丽的精神家园。

有古典的心态才能忘我。学校精神是一笔财富，但不是学校所有成员都可以从中分得一杯羹的公共产品，它需要全体成员以奉献精神共同参与，携手共建。世界著名的伊顿公学，那是让所有真正意义上的贵族学校顶礼膜拜的楷模，而它最让人称道的就是典型的欧洲贵族精神——勇猛、尚武、正直、负责、好学。这种精神不是一朝一夕能轻易形成的，它是历经了五百多年、由几十代人传承接续苦心经营而成的。这也许与欧洲的文化背景有关，像德国的科隆大教堂，1248年动工，1880年建成，前后造了六百多年，相当于我们元、明、清三朝，风格居然完全统一：挺展、俏丽、轻盈，161米高的哥特式尖顶直指苍穹。六百多年一以贯之，不废弃，不忘却，不变更，不走样，这是西方人由信奉上帝而产生的忘我精神使然。再看我们有些学校，明显存在官本位思想，信奉的是"有权不用，过期作废""谁大谁说了算"，换一个校长换一个思路，换一班人马，换一种"面貌"，每个人都千方百计搞自己的"形象工程"，而且只求短期效益。学校门前奖牌挂得琳琅满目，从长远看，不知有多少真正的价值。说得不客气些，有些可有可无、不伦不类的奖牌简直像妖冶女人身上的披金挂银，鄙俗不堪，时过境迁，一文不值，哪还谈得上有什么"精神"？说到这里，不禁想到一位学者说过，西方虽然在俗世生活中重功利、重物质，可是在俗世生活外还有宗教生活，人们可以在这个领域内吸取精神的资源，以济俗世生活的贫乏。中国情况不同，没有超越的领域，一旦受到功利观念的侵袭，整个人生都陷于不能超拔的境地。[①]这话也许有失偏颇，但作为最具教化功能的学校，应当有一种超越的境界，应当有一种忘我的精神，这是谁也不可否认的。

（原载《教育参考》2004 年第 6 期）

① 参见王元化：《思辨随笔》，上海文艺出版社 1994 年版，第 4 页。

图书在版编目（CIP）数据

带一袭书香进校园 / 金沙著. —长沙：湖南教育出版社，2010. 4
（树人书屋）
ISBN 978-7-5355-6520-4

Ⅰ. ①带… Ⅱ. ①金… Ⅲ. ①中小学—教学研究—文集 Ⅳ. ①G632. 0-53

中国版本图书馆CIP数据核字（2010）第057077号

带一袭书香进校园

金沙 著
责任编辑：易武
责任校对：龚宇

湖南教育出版社出版发行（长沙市韶山北路443号）
网　　址：http://www.hneph.com　　http://www.shoulai.cn
电子邮箱：228411705@qq.com
客　　服：电话 0731-85486742　　QQ 228411705
湖南省新华书店经销　　长沙化勘印刷有限公司印刷
710 × 1000　16开　印张：16.75　字数：193500
2010年4月第1版　　2010年4月第1次印刷
ISBN 978-7-5355-6520-4
G · 6515　定价：21.00元